天下文化

BELIEVE IN READING

鄭文燦模式

超越對立・翻轉桃園

鄭文燦／口述
張瓊方／採訪整理

社會人文 460

目錄

推薦序

從當選的驚奇到執政的驚喜

蔡英文

「主席，妳要有我會當選的心理準備。」二〇一四年十一月二十九日，地方選舉投票日的下午，鄭文燦打電話給我，認真地告訴我他會當選。

當時我們雖然對選情已有掌握，但確實不像他本人這麼篤定，不過，我對他還是很有信心。這個信心，其實是來自我和他長年合作的經驗。

我跟文燦在上次民進黨執政時，已經是內閣的同事。那時候我是副院長，他是新聞局長。二〇〇八年，民進黨面臨極大的挫敗，當時我接下民進黨主席，文燦來擔任我的文宣部主任。在那段共事過程中，我經常見識到他聰明、耐操、記憶力過人等「特殊才藝」。

什麼複雜的事情，輸入他的「電腦」之後，就能融會貫通，而且記住了就不會忘記。在那段民進黨艱困的日子裡，他不只扮演重要的幕僚角色，在困難的時刻，也成為我派回桃園打仗的大將。

因為有前一次縣長選舉「五十八天奇蹟」的經驗，因此，我對鄭文燦的市長選情始終有期待，即使各方不看好，我還是一次又一次去幫他站台掃街，我想，這是我跟他的高度默契跟信任感。

開票的結果大家都知道了。因為對桃園市發展的期待，桃園市民給民進黨一個機會，讓鄭文燦創造了最大的驚奇。

不過，我最大的欣慰，是他沒有辜負桃園市民的期待，真的把市長做得很好，變成一位翻轉桃園的魔術師。升格的桃園市，已經耳目一新、改頭換面。鄭文燦當選的驚奇，已經成為執政的驚喜。

桃園的翻轉跟建設，是桃園團隊全力以赴，一天當三天用，一起完成的成績。這當中，鄭文燦市長的領導風格，推動政務的決心跟毅力，當然扮演最關鍵的角色。這本書的內容，就是在說明桃園市如何在過去這段時間，凝聚進步共識，超越政治對立，創造出地方治理的新典範。

鄭文燦的勝利，代表政治板塊從來不是牢不可破。桃園的成功。則說明認真做事，人民就會看到我們的努力。我對桃園市民的智慧很有信心，也相信文燦會跟桃園一起，繼續向前衝刺，創造出屬於自己的「鄭文燦模式」。

二〇一八年八月

（本文作者為中華民國總統）

推薦序

桃園的天光

鍾肇政

我已九十四歲，常自稱為老朽。一輩子除了自己寫作，我也常鼓勵後生作家勤於寫作。我最常說的，就是即使被退稿，也要有不斷嘗試的決心。準備好了，終會有成功的一天。

鄭文燦市長也是如此。經過失敗的淬鍊，讓自己更成熟，才能爭取到為市民服務的機會。而政治跟文學的差別在於，他的成功不是只有個人的成功，而是帶著整個桃園一起成功了。

過去寫作不怕挫折，是源自於我對文學的熱情。同樣道理，我想文燦對桃園市民，也有一樣的熱情，所以勇往直前，沒有被挫折打倒。

因為心中有熱情、有價值，所以鄭市長的施政讓大家肯定、稱讚。在文學的推廣、文化資產的保存，還有客家語言文化的推廣等方面，我都看到現在的桃園市政府，在鄭市長主政下，真的不一樣，真的很用心。

市長就任時，我特別用客語寫了一首詩送給他，叫〈天光囉〉，象徵著我們的桃園市要邁向大發展、大進步。市長的這本書，除了講述他從學運到從政，一路以來的心路歷程，也說明了桃園在天光前後的故事，以及整個城市的進步軌跡。

我很樂意為此作序，並向大家推薦這本書。也期待我們熱愛的桃園，繼續在鄭市長的帶領下，航向無垠的天際，迎接燦爛的天光。

（本文作者為台灣國寶級文學家）

楔子

時空回到二十八年前、一九九〇年三月，台灣戰後第一場規模最大的學生運動——野百合學運，敲開了台灣民主之門，改變了許多人生命的DNA，像如今活躍政壇的台中市長林佳龍、立法委員黃偉哲、前農委會副主委翁章梁等人，都出身其中，鄭文燦更在此役展露其冷靜、韌性的特質與超強的溝通協調能力。

時代創造英雄，英雄改造時代，當年正在念大四的鄭文燦，生逢其時，站在這波改革學潮的浪頭上，堪稱是這場台灣民主化轉折盛宴的重要靈魂人物之一。

大學時代的鄭文燦（前排左）、林佳龍（前排右）。

星火燎原

三月十六日傍晚，周克任、何宗憲、楊弘任等九名台灣大學在學生，為國民大會通過延長任期的臨時條款修正案，拉起「我們怎能再容忍七百個皇帝的壓榨」白布條，在中正紀念堂外靜坐抗議。鄭文燦等幾位倡導改革的學生一得知消息，立即開會決定進駐聲援，並擴大抗議規模，繼而掀起一場大規模的學生民主抗爭運動。

「我記得是傍晚六、七點，台大的大陸社、大新社都聚集在我們那邊開會，不斷打電話動員一些人，要支援在中正紀念堂靜坐的學生，撐過最危險的第一個晚上。」鄭文燦大學時期的同居室友李建昌，提起陳年往事，依舊意氣風發。

然而，少數幾名學生靜坐抗議的星火之所以能燎原，背後有著蓄積已久的能量。

「野百合學運並非偶然，也不是擦槍走火，是經過前面五、六年激盪而產生的巨浪，」對於這場開啟自己日後從政之門的學運，鄭文燦的記憶鮮明，宛如昨日。他彷如倒帶般敘述一九八〇年代的改變：「一九八七年七月，解嚴、解除黨禁；一九八八年一月，解除報禁；台灣的大學生也不斷要求校園的言論自由與大學自治。」

一九八九年教師節，時任台大學生會副會長的鄭文燦為提倡修改《大學法》，策劃了一場跨校大遊行，好幾千位大學生與教授，從國父紀念館一路走到中正紀念堂，提出落實大學自主、教授治校，以及學生自治等要求。「這是我們第一次正式上街頭遊行，」鄭文燦說。

新北市議員沈發惠當年在校際串連時與鄭文燦結識，就讀東海大學法律系的沈發惠擔任東海代表，他說，鄭文燦當時是台大學生會副會長，積極投入校際串連，也是學生憲章的起草人之一。

鄭文燦的高EQ

與好人緣，在大學時代就已展露。沈發惠指出，當時推動大學法改革有三大陣營：自由派的「台大社團」、獨派的「新青年」、左派的「民學聯」，鄭文燦、陳文治（現任新北市副議長）、沈發惠分屬自由派、獨派與左派，彼此意見不同、競爭激烈，但沈發惠對鄭文燦十分推崇，「學運份子大多都有稜有角，鄭文燦不那麼尖銳，人緣好，EQ高，在當時扮演組織凝聚的角色。」

野百合學運時，鄭文燦在中正紀念堂前靜坐。

一九九〇年二月，第七屆中華民國總統改選。國民黨在蔣經國過世後，支持改革的「主流派」與保守的「非主流派」之間的權力鬥爭更趨白熱化，發生所謂的「二月政爭」。高層未回應民眾對政治改革的要求，再加上當時負責推舉總統的國民大會代表凋零至只剩下七百人，四十年沒有改選的萬年國會，早已不足以反映民意，也讓台灣民眾失望，「就跟我們在推動的《大學法》改革在立法院遇到的問題如出一轍，因此，學生的政治不滿不斷升高。」

三月，陽明山中山樓開始開國民大會，上演國大自肥擴權亂象，被戲稱為「山中傳奇」。「台灣社會已經進步了，但是這些住在新店中央新村、內湖大湖山莊的人，完全沒有台灣社會的民意基礎，卻代表我們在選總統。」鄭文燦說，在這樣的政治氛圍下，幾個改革派的學生社團串連，決定要發起一個要求民主的學生運動。「從校園的言論自由、大學自治，發展成為要求國會全面改選、政治改革，校園民主化運動發展至野百合學運到達一個歷史高峰。」

我要抗議！

九名學生靜坐拉開序幕，很快地台大學生代表大會通過罷課、參與學運；教授團體也通過聲援學生，像滾雪球一般，整個台灣校園開始沸騰了起來……

鄭文燦等第一批進入現場的學生，很快的組織決策小組，成員由一開始五人陸續增加到十一人，由當時台大社會系學生范雲擔任總指揮，鄭文燦擔任決策小組召集人，很快地訂出自主、和平、隔離、秩序四大原則。

「我記得我到中正紀念堂的現場，就跟大家說，未來這幾天可能會改變台灣的歷史，請大家要認識旁邊的人，我也沒有辦法預估未來幾天會如何發展，但請大家坐下來。」

生命中頭一遭，學生們只能摸著石頭過河，運動過程中，邊組織邊形成訴求，沒有經費，拿起垃圾桶向民眾募捐，竟然一下子垃圾桶就塞滿錢。「那五天是人生充滿張力的五天，很多人興奮到睡不著，廣場上的學生們很亢奮，也有人邊抗議邊談戀愛，瀰漫著革命的狂歡氣息。」

「我要抗議」、「我要抗議」呼聲喊得震天價響，廣場上的學生愈來愈多，時而有人上台演講，時而有人帶動唱歌。大家從台灣民謠〈望春風〉（象徵台灣民主望春風），唱到社會運動的主題曲〈國際歌〉，「滿腔的熱血已經沸騰，要為真理而鬥爭……不要說我們一無所有，我們要做天下的主人。」唱著、唱著，學生們熱淚盈眶。

三月十九日，那朵象徵學運的「野百合」已矗立在廣場上。

為什麼取名「野百合」？鄭文燦解釋，當時台大城鄉所正在屏東做田野調查，把魯凱族的圖騰百步蛇和野百合帶回來。野百合（Formosa lily）

是台灣原生種的百合花，又剛好在春天盛開，白色代表純潔，正好符合學運原生的力量與純潔的理想。當年是有意識的選擇野百合作為象徵，文化大學美術系的同學們，用最快的方式讓野百合成為廣場的地標。

廣場開出野百合這一天，東海大學學生方孝鼎上台發表絕食聲明書，慎重地向他過世的父親致歉後，開始絕食抗議

學生時期，鄭文燦積極投入社會運動。

行動，隨後又有四、五位同學加入絕食的行列，瞬間把野百合學運堅定的意志一舉推到極致。廣場上來自各大學的學生人數愈來愈多，當時身負現場重任的鄭文燦估算，廣場學生人數最多時達一萬多。好奇他憑什麼能清楚計算人數？「因為便當是統一發的，一餐大概要發八千個便當。」

學生拉起糾察線，區隔學生與群眾，與當時的反對黨民主進步黨也涇渭分明，學生駐守在國家音樂廳這邊，民進黨則聚集在國家劇院那方，「我們喊話請他們關掉麥克風，他們也配合學生。」

「那幾天我睡得很少，三小時不到，每天晚上我會去外圍繞繞，看看有什麼狀況，」鄭文燦發現外圍的民眾比學生還多，估計有數萬人，「民眾是在保護學生，怕像中國大陸的天安門學運一樣。」

雖然拉起有形的糾察線，但各方勢力透過各種管道都想進來廣場、影響學生，李登輝也想藉由學運壓制非主流派。「過程中我有遇到代表李煥的，代表宋楚瑜的，」鄭文燦指出，因為前一年天安門學運以衝突流血收場的殷鑑不遠，各方學生都希望能以對話收場，達成好的結果；也避免介入執政當局的流派之爭。

廣場上的學生即便要求改革的目標一致，但仍有不同派別和意見，有些人強調政治民主，也有比較傾向左派的社會運動者，「為了尋求共識，有些學生主張不要唱〈望春風〉，有些學生則不喜歡〈國際歌〉，搞到後來只能一直唱〈團結團結力量大〉。後來有位評論家說學生很貧乏，沒有創造力，其實是兩派在角力，弄到沒歌可唱。」鄭文燦雲淡風清地笑說當年廣場上的衝突和矛盾，但實際上溝通、整合工作是一個極大的挑戰。

「我當時的角色是盡其可能地找出共識。」他說，光是決策小組裡就有很多辯論，例如，要不要轉進總統府？（幾經討論決定留在原地）；如何處理絕食團？（決定把他們放在指揮中心後面，安定住整個廣場），每件事情反覆討論的過程都很冗長，在諸多爭辯之中找出最大的共識。

堅持和平與對話

雖積極參與學運，但鄭文燦從未真正直接面對政治威權，野百合學運是他第一次與權威正面對決，哪裡來的勇氣與決心？「有一種看不見的、無形的恐懼，但在突破那個恐懼時，我們算蠻勇敢的。」鄭文燦說，某種程度上，野百合學運也是李登輝時代的開啟，因此有人把學生當成李登輝的「紅衛兵」，「我們是看到台灣社會的變化，自己跳出來的，但事後看來，當時的氣氛有點緊張和不安。」

滿腔熱血的青年，在中正紀念堂廣場上互相打氣，克服恐懼，但旁觀的家長，可就難以釋懷。聽說兒子在中正紀念堂抗爭，鄭文燦的父母憂心忡忡。

「父母親不可能不擔心，」鄭文燦指出，父親是公務員，母親是工廠女工，一個平凡的普通家庭，沒有絲毫政治背景，對於他參與學運當然擔憂。「我爸爸知道我在參加抗爭活動，常常叫我媽：『多勸勸你兒子！』」鄭文燦的母親只能告誡兒子：「抗議不要緊，但你不要走在第一個，會被抓；也不要走最後一個，會跑不掉！」「去沒關係，不要被人煽動！」鄭文燦笑說：「殊不知是我在煽動別人。」當時鄭文燦的叔叔在鄰近中正紀念堂的中華電信上班，每天下班都來擠在人群中關心。

在兩、三千位核心參與者中，沈發惠發現一個有趣的現象：「在北部學校參與學運的多是南部的孩子；在南部學校參與學運的，多是來自北部的學生。」換句話說，都是「脫離家庭掌控的孩子」。

雖然「脫離掌控」，甘冒風險的鄭文燦一開始就定調要以和平對話收場。「天安門學運給我兩個啟示：學生是民主化的觸媒，但學生不是改革的主角，最好不要介入政黨權鬥；學運當中有不同勢力在競爭，要維持最大程度的共識，用對話來收場。」

「場面太大，大家也怕失控，」沈發惠表示，要和平落幕，就必須彼此妥協、互相合作。最後經由校際會議達到最大的共識，學生決議提出解散國民大會、廢除臨時條款、召開國是會議、制定政經改革時間表等四大訴求，達成目的，

野百合學運時，鄭文燦擔任決策組召集人。攝影／周嘉華

見好就收。

總統府方面也釋出善意，先由總統府副祕書長邱進益分別面會瞿海源、賀德芬兩位教授，以及五位學生代表，鄭文燦是其中一位學生代表。「邱進益副祕書長表達，總統準備要廢止《動員戡亂時期臨時條款》，但資深國代的反彈需要安撫。」鄭文燦分析，學運之後，資深國代嚇到了，他們不敢再戀棧，「他們對學潮有一分恐懼，因為學潮之後就是革命，政權就會消失。」

隨後李登輝接見以范雲為首的學生代表，公開承諾：要終止《動員戡亂時期臨時條款》，要展開民主改革，願意召開國事會議、尋求朝野共識。

學生代表回到廣場上，由范雲宣讀李登輝總統的承諾，之後全場學生分校分區討論，是否接受並撤退。

「這是一個艱難的民主表決過程，也是我對這一場學運最深刻記憶的一夜，」鄭文燦說，前後歷時八個小時，分二十幾個區分區表決，最後回到校際會議再表決一次。「有些人才剛來沒兩天，覺得還不夠，不願意撤退，我還一一去溝通。」他估算，當時大約有二成的學生不願意撤退。

「我知道只是個承諾，不知道到底有沒有約束力，當下有很多酸言酸語：『被摸摸頭就撤退了？』『難道一萬人抗議五天就只換來一張紙？』『是不是與國民黨有什麼暗盤、交易？』『你們退，我們要去總統府前面繼續坐！』」

面對廣場上各式各樣的聲音，校際代表們一區一區去說明，直到全數通過撤退。「那時候教授、研究生顧問團都提出許多意見。我當時很冷靜地處理這些問題，這真是一場難忘的運動！」

協調過程中，周邊的民眾不停喊學生加油，「喊了好幾個小時！」時隔二十多年，民眾的加油聲，彷彿還縈繞在鄭文燦的耳邊。

「野百合學運改變了我們那一代人人生的價值觀，就是我所謂的『DNA被改變了』，無論往後扮演什麼角色，對台灣的土地都會有很深的感情，因為我們看到台灣由威權走向民主、由戒嚴走向解嚴，整個台灣生命力蓬勃發展的階段。」

雖然鄭文燦沒有因此立即從政，卻從此在心中種下「改變台灣」的希望種子。

01

重點在於投入與熱情

從台大電機系高材生到伸張正義的熱血青年

二〇一四年底，鄭文燦在驚訝聲中當選桃園升格直轄市後的第一任市長，沒想到他上任後，施政成績再度令人驚豔，滿意度節節高昇，在執政屆滿三週年之際已近七成六，躍居六都之冠。

放眼政壇，會選舉、不會執政的例子所在多有，鄭文燦新手上路卻駕輕就熟，一方面是他在桃園耕耘已久，對地方事務毫不陌生；另一方面則來自於過去一路走來的種種歷練，累積了他一身的功力。

「我是以過去二十年的所知所學來當市長，」他語帶玄機地說，「當市長的第一天，應該要從學生時代的野百合學運算起。」

「政治需要綜合的訓練，要對人瞭解，對地方瞭解，對政府的運作瞭解，」鄭文燦認為，首長要做得好，確實需要長時間的培養。而他的市長培養期，早從大學時代就開始。

台大社會系學士、台大國家發展研究所碩士畢業的鄭文燦說，社會學的訓練，讓他可以很容易吸收各種不同的知識，對瞭解地方事務的幫助很大。鄭文燦表示，地方上的各種事物，只要透過專業背景，加上田野調查，就能夠深入了解。

這樣的功力讓鄭文燦培養了百科全書式的地方知識，無所不知。以到各地方參加宮廟的慶典活動為例，他把每座宮廟的來龍去脈都摸得一清二楚，每每一開口講話，就讓地方耆老佩服不已，大嘆：「市長竟然知道的比我們還要多！」

放棄工程師之路，改當社會改革者

聰明過人的鄭文燦，求學之途一路順遂。國中畢業後，他北上考進建中，可是鄰里之間的大事。高中畢業後他再以第一志願考進台大電機系，鄭文燦的人生一路朝成功的方向挺進，毫無波折與懸念。

大二升大三時，鄭文燦決定要降轉社會系。這樣的轉折在當時令許多人大惑不解。

「當年他放棄全國甲組、第一志願的科系，降轉社會組，讓我很震驚，心想他是不是頭殼壞掉了。」大學時期相識的室友、現任台北市議員李建昌說，鄭文燦和他一樣，家庭並不優渥，都得靠打工賺學費。李建昌至今仍經常提起，大學時期有一次和鄭文燦一起去吃自助餐，兩個人掏光口袋，發現所有的錢只夠買一份共吃。

「按理說，他應該要選擇將來會『飛黃騰達』的科系才對，可見社會系才是他的志趣，他能勇於對自己的人生負責，知道自己要什麼，如今回想起來真的很可貴，」李建昌說。

「一開始念電機是因為我成績好，」鄭文燦表示，當年外地生離鄉背井到台北讀書，選擇念甲、丙組的人較多，念文法科的較少。「當時建中只有兩班文法科，」鄭文燦笑說，他成績突出，自然就選擇念理工科。

鄭文燦與台大大陸社的社團好友。

進到大學之後，鄭文燦眼界大開，開始有了不一樣的想法。大一就擔任電機系學生代表的鄭文燦，參加代聯會，認識很多不同科系的學長、學姐，也慢慢地參與校園民主化運動。

「是時代氛圍的感染！」鄭文燦表示，當時讀書會經常讀一些與社會學相關的左派書籍，覺得讀社會科學是人生另外一個選擇。鄭文燦說，當時也有好幾位同學在研究所改念社會科學。像台大經濟系教授駱明慶、中山大學教授劉孟奇、中央研究院社會學研究所研究員湯志傑等，都是當年電機系的同班同學。

出乎意料的是，鄭文燦轉系並沒有發生太大的「家庭革命」，就連當時正在念台大機械研究所的哥哥都只是提醒他：「電機系這麼難考，怎麼一下就轉走了？自己要想清楚啦！」

在校園改革呼聲風起雲湧之際，鄭文燦義無反顧地投身其中，並一步一步走向運動的核心。「那時候覺得每一天都在變化，大家忙得不亦樂乎！」新北市議會副議長陳文治，當時就讀台大法律系，與鄭文燦分屬不同路線的改革派社團，但對他的思路敏捷、反應快，留下深刻印象。「鄭文燦在大學時就已經非常傑出。」

改革之爭，無役不與

許多人好奇，出身毫無政治背景家庭，鄭文燦的民主思想啟蒙始於何時？

高中時期鄭文燦負笈北上，獨立生活。「我父母很放心，也沒來看過我，連我住哪裡都不知道，」鄭文燦說，高中三年經常流連於南海路或牯嶺街，「那邊黨外雜誌很多，類型可能有一、二十種，」他記得曾在書店裡讀過蔣經國在蘇聯留學時期寫給蔣中正的家書。

鄭文燦念大學的一九八〇年代，適逢台灣從威權走向民主的「打開」、「變化」過程，亦即所謂的「解嚴時代」。菁英雲集的台大，成了民主的發源地，光是改革派社團就有十幾個，鄭文燦躬逢其盛，「我人生的窗口打開了，DNA改變了，」鄭文燦這樣形容。

大學時期的鄭文燦，把多數時間用來參與社團活動。當年台大有三大改革派社團——大學新聞社（大新社）、大學論壇社（大論社）、大陸問題研究社（大陸社），不但吸收很多學生，還各自舉辦讀書會和討論會，發行刊物。鄭文燦與室友李建昌都是大陸社的一員。

為什麼選擇大陸社？「因緣際會，」鄭文燦說，當時大陸社位在舟山路口，正好在他從電機系回宿舍的路上，路過時被招生廣告吸引。

李建昌指出，大陸問題研究社原來是國民黨外圍組織，一九八二年，一位台大化學系的學長揪了很多法學院的學生入社，使得大陸社量變、質變，轉成學運社團，在當年相當蓬勃，吸引多菁英加入，除了核心幹部鄭文燦外，同時期還有現在檯面上知名的范雲、林佳龍、段宜康、鍾佳濱、鄭麗君、郭正亮、陶儀芬、周威佑、劉孟奇、駱明慶等人。

李建昌是鄭文燦台大社會系的學長，念研究所時和鄭文燦當了兩年多的室友。「當時在汀州路租下一個鋪榻榻米的工作室，可以在那裡開會，我

鄭文燦從台大社會系畢業。

們就頂下來繼續住。」李建昌說。

第一屆台大學生會成立時，羅文嘉是會長、馬永成是副會長，鄭文燦則擔任《台大學生報》創社社長。《台大學生報》是第一份學生出版的報刊，內容以校園新聞的報導與評論為主，有時是雙週發行，有時一個月發行一次。總主筆是現任桃園市議員范綱祥，總編輯是知名雜誌總編輯臧聲遠，副刊負責人則是知名作家王文華。

在此之前，鄭文燦已先後擔任過工學院學生刊物《工訊》，以及《代聯會訊》的總編輯。李建昌說，鄭文燦筆快，文思泉湧很厲害。不但是校內學生刊物的主要寫手，外界邀稿也不斷，「他常常到截稿最後一天才交稿，我跟他住在一起的時候，他晚上十一、二點還在趕稿是家常便飯。」

從一九八五年進台大，大學校園裡幾乎每隔一段時間就有大事件。擔任第二屆台大學生會副會長的鄭文燦，幾乎無役不與，更在其中扮演關鍵性角色。「我們像是一群充滿熱情、充滿理想的大學生，想要改變台灣。」鄭文燦說。

改變人生的大學時光

鄭文燦升大二那一年，台大發生李文忠事件，當時鄭文燦也曾參與支援。李文忠在傅鐘底下靜坐抗議，他因為英文三修不及格被退學，校方沒有事先通知就把他退學，後來學校教授調查團建議讓他復學，學校又用校務會議把它否決，被認為是政治力要處罰學運學生，引發很大衝突。「那個退學事件讓台大整個吵起來，小小的一根火柴就燒起來了。」

緊接著在一九八六年十月發生「自由之愛」事件，由於大新社發行的《大學新聞》揭露李文忠事件，加上成員參與鹿港反杜邦運動與調查，大新社遭停社、停刊，以「大新社」為首的幾個改革派社團串連，要求校方廢除審稿制度，還給學生言論自由。

一九八九年的二二八，鄭文燦協助策劃了台大第一場紀念二二八受難者台大文學院院長林茂生的追思會；緊接著在同一年的教師節，又策劃跨校大學生與教授大遊行，提倡修改《大學法》，落實大學自主、教授治校，以及學生自治。

從推動《大學法》改革，轉而要求民主改革，野百合學運是鄭文燦大學時期最激昂的篇章，但學運結束之後，他又恢復學生的角色，雖然野百合學運後接連發生了很多政治變革的抗爭事件，如：總統直選、反軍人干政（郝柏村當行政院長）、廢除刑法一百條（叛亂犯唯一死刑）等等。鄭文燦都在學生群體中扮演關鍵角色，但直到畢業那一年，一九九一年七月二十日，鄭文燦才正式加入民進黨。

鄭文燦談起他加入民進黨的淵源。「在學運時代，有些政治早慧的學

鄭文燦在一九八五年進入台大，在學生運動中扮演關鍵角色。

生，李建昌、陳文治、陳啟昱、許世杰（台灣建築中心執行長）是當時的要角；野百合學運結束後，新潮流雜誌社的邱義仁找我進去當編輯，幫忙選舉、寫文章、辦研討會，做這些文宣活動的幕僚。受到時代氛圍感染，於是參加民進黨。」

新潮流雜誌做不到一年，盧修一、葉菊蘭、洪奇昌、李慶雄、戴振耀等五人，成立了一個立法院的次級團體——「新國會聯合研究室」，鄭文燦被延攬去當研究員，當時的辦公室主任是張維嘉，副主任是劉世芳。鄭文燦則是一邊念研究所，一邊擔任國會助理。

一九九四年，第一屆台灣省長直選，鄭文燦擔任陳定南競選省長的隨行祕書，陪他全台走透透。選戰結束，陳定南敗選，鄭文燦難以平復。「我覺得很奇怪，每一場支持者都這麼多，怎麼會敗選呢？」

在那一個各個場域都缺乏年輕人的時代，鄭文燦意外，也是必然地走上了從政之路。

02

下苦工之江湖一點訣

讓現實一步步接近理想的外掛模式

二〇一七年十一月中旬一個週末夜晚，鄭文燦在市長官邸舉辦小學同學會，宴請二十位已睽違三十八年的小學同學來官邸相會。

旅美二十六年的教育博士李美玲，小學功課與鄭文燦在伯仲之間，兩人總是分據第一、二名，這次回台看到弟弟在開同學會，就在鄭文燦的臉書上留言：「市長，我們是不是來開同學會？」沒想到鄭文燦非常積極，立刻幫大家建立一個群組，促成了小學畢業三十八年來的第一次同學會。

嫁到平鎮的邱鈴玉說，畢業以來她第一次再見到鄭文燦，還記得鄭文燦小學成績很好，雖然很瘦小，但是活動力很好。她還透露一件烏龍趣事：「鄭文燦選上市長時，我高興地說市長是我同學，我弟弟很好笑，跟我爭，硬說鄭文燦是他同學，結果接到開同學會通知的是我，不是他。」

這天的鄭文燦彷彿回到童年般，笑得天真無邪。大夥穿上胸前印著當年全班合影照的T恤，與童年的自己合影。

小學時的鄭文燦。

世事果真難料，誰能預料前排中央那最瘦小的身影，三十八年後是桃園市長，更沒想到他的身材像吹氣球似的，如今得要XXL才穿得下。

個性念舊、理性、平和

鄭文燦出身於桃園八德農家，父親在糧食局上班，母親在工廠擔任女工。因為家裡有七個兄弟姊妹（鄭文燦排行第五，有兩個姊姊、兩個哥哥和一對雙胞胎弟弟），食指浩繁，經濟不寬裕的情況下，導致他營養不良，童年一直很瘦小。小學五、六年級時，鄭文燦就到鄰近的鶯歌陶瓷工廠打工賺錢。高中時期也擔任家教，打工賺生活費。

建中同學廖仁巍說，鄭文燦高中時還很瘦小，都坐第一排。「我記得他高一的時候很土，穿學校發的制服，到二、三年級就變了，穿喇叭褲，有折痕的那一種。」

關於身材的變化，大學時期的好友范綱祥也打趣說：「我認識鄭文燦時，只認識現在的一半。」

外表雖然變時髦，但骨子裡鄭文燦在飲食方面依然很「鄉土」，打選戰時擔任鄭文燦隨行的施彥廷透露，他不太喜歡吃西餐，早餐習慣吃豬血湯、油飯、肉羹麵，中餐一樣很隨意，喜歡吃鵝肉麵、滷肉飯、陽春麵之類的小吃。「我

小學時的鄭文燦（前排中）。

以前早餐吃三明治、漢堡，跟著他跑行程以後也被改變了胃口，」施彥廷說。

外表給人理性、平和印象的鄭文燦，實則內心溫暖，又念舊情，只是情感內斂，不善於表達。

桃園市政府研考會主委詹賀舜是鄭文燦新聞局長任內的機要祕書，對於鄭文燦那段期間一直使用同一款手機，縱使有更先進的也不換，「念舊」

兒時的鄭文燦（最前排），與家人合照。

到讓他覺得不可思議。

「他那時候用索尼益立信（Sony Ericsson）的手機，壞掉之後還是買同一款來用，有一次蘇貞昌院長打電話找不到他，他以為手機壞掉，院長讓他趕快去買一隻，他還是買同一款，後來發現手機根本沒壞，只是關成靜音而已。」

在幕僚面前，鄭文燦鮮少真情流露，唯一一次例外，是二〇一四年市長選舉勝選的那

鄭文燦（右二）與建國高中同學們。

個晚上，《壹週刊》要出快報，到鄭文燦八德家訪問到凌晨一、二點，採訪結束要離開的最後一刻，他史無前例地張開雙臂擁抱陪在身邊的幾位幕僚，「這是他第一次擁抱我們，接下來四年再也沒抱過。」當時的競選總部新聞部主任顏子傑說。

鄭文燦以個性溫和著稱，大學時期就認識的好友沈發惠說，認識他三十年，沒見過他發脾氣。就連接受陳雅琳、沈春華等資深電視主播專訪時，他都一樣波瀾不興、四平八穩。顏子傑感嘆：「要是能把一位首長弄哭、弄哽咽，基本上就有收視率了，但這招對鄭文燦從來沒有成功過！」

不過，鄭文燦隱諱、幽微的溫情，隨行祕書張惟翔感受特別深刻。「他很貼心，有點像慈父的角色，」張惟翔說，鄭文燦看起來精明，但有非常溫暖的一面。

張惟翔記得自己第一次寫好新聞稿，拿進辦公室跟鄭文燦討論，他看一下新聞稿，再看看張惟翔，然後面有難色地說：「叫子傑進來！」「因為他不忍心罵我，只好叫我主管進去說。」

打選戰時到台北去為影片配音，大家弄到晚上一點多都沒有吃飯，張惟翔在下樓電梯裡調皮喊肚子餓，當時鄭文燦沒反應，但一走出電梯就回頭說：「不然我們去吃個飯好了，我知道附近有什麼可以吃。」

鄭文燦走馬上任前一個禮拜，張惟翔打電話去請辭。他跟鄭文燦說，自己想休息，出去歷練看看，或許也有可能去讀書，到時再麻煩燦哥幫忙寫封推薦信。鄭文燦聞言只是冷靜說好，沒有什麼情緒，讓張惟翔覺得好生失落。沒想到，掛完電話五分鐘之後，主管馬上打電話來說：「老闆叫我再挽留你一下，如果你要推薦信的話，他會幫你弄好。」那一刻張惟翔覺得好溫暖，原來鄭文燦馬上打電話給他主管。

「鄭文燦在外面讓人家感覺決策力強，做事明快，但他也有害羞的一面。」祕書卓家羽說，有一次他的隨行祕書生日，鄭文燦突然走過去拍拍他：「你今天可以早一點回家，不用送我回去。」然後叫大家也早一點走，講完話他就站在那邊發楞，行程組組長忍不住對他說：「你不走，我們怎麼走？」他聞言尷尬地笑了一下說：「對！對！那我先走。」

徐芳玉是從行政院新聞局時代就跟隨鄭文燦的資深祕書，一直像媽媽般照顧鄭文燦，在她眼中這位脾氣好、ＥＱ好的老闆，就是不太會表達感情。「他都叫我『慌亦喔』，」徐芳玉笑說，鄭文燦有一天打電話給她，開頭先跟她說「生日快樂」，接著就開始念她，和她討論公事。「本來好開心，市長記得我的生日，然後馬上就天堂掉地獄。」

知道鄭文燦感情深藏不露的幕僚們，想方設法要讓他多釋放一些柔性、私人的一面，但成功的機會不多。以臉書為例，鄭文燦的臉書總是貼一些硬梆梆的政策細節，幕僚寫好還得讓他修改才能貼，有一次他們大膽地放一張鄭文燦出訪美國時和夫人林俞汝手牽手的背影照片，一下子就吸引六千多個人按讚，「他只好接受，一句話都沒說。」

衝勁滿滿，工作優先

對於夫人林俞汝，鄭文燦會不會比較勇於表達呢？「我們是很務實的夫妻，甜言蜜語比較少說。」林俞汝笑說。

林俞汝認識鄭文燦時，鄭文燦是桃園縣議員，「過去我看到一般議會的議員都是穿著中山裝，然後頭髮捲捲的，他不一樣，」林俞汝說，當時鄭文燦議員任期已將屆滿，自己則在環保署任職，因此沒有參與他的政治活動，對於政治生活的狀態也不甚瞭解。

「追求我的時候，他會特別跑到我家去跟我喝一杯咖啡，然後就離開了。」林俞汝說，不太會耍浪漫的鄭文燦，非常勤於打電話，只要一上車就打電話，一天可以打上二十通。

兩人認識半年，就決定結婚。「因為文燦在三十四歲時才遇見我，我們快馬加鞭，一結婚就生小孩，一個生完接著生第二個，所以三年內全部都搞定，很快追上進度。」林俞汝說。

兩個差三歲的兒子，目前分別就讀國、高中，教養的重責大任林俞汝一肩挑起。「他是工作狂，每天都在工作，跟小孩比較少互動，」林俞汝語氣平和地說，孩子從小到大都是她在帶，無論是上學、補習、看醫生，都由她負責。

「我是很單純的公務員，一般的職業婦女，上班、帶小孩，偶而客人來幫他招呼一下，我能做的就是這樣而已。」

因為一結婚就生小孩，幾乎沒有時間享受兩人生活。二〇一七年七月鄭文燦的「美西政經之旅」，林俞汝難得隨行。這是她跟鄭文燦結婚十幾年來兩人第一次相偕出國，鄭文燦還感慨地對林俞汝說：「怎麼這次感覺好像度蜜月！」

好奇地問林俞汝，鄭文燦吸引你的是哪一點？她不假思索地回答：「應該是超級聰明吧！」

記性過人，整合力一流

鄭文燦有多聰明？「鄭文燦的智商非常高，有一百四十幾，在我們班上屬一屬二。」建中同學廖仁巍透露。

鄭文燦的聰明已是公認的事實，好友沈發惠私下叫他「天才兒童」，他的聰明常常嚇到人，驚人事蹟不勝枚舉。

二〇一二年總統大選完，蘇貞昌擔任黨主席，成立「中國事務委員會」，延攬當過海基會副祕書長、對中國的事務有很深刻瞭解的鄭文燦擔任委員會的發言人。「中國議題比較敏感，不容得有一字偏差，每次開會我都會寫筆記，」時任民進黨發言人的桃園市政府新聞處長張惇涵說，每次看鄭文燦好像沒什麼在聽，不時滑手機，很忙，但會後開記者會，他轉述會議的決議或討論內容時，都不用準備，上台講的內容和會議討論的一模一樣，很精準。

「我以前就見識過他行政院會後的記者會，大家都以為他照稿念，其實他就是憑記憶。」張惇涵說，會議裡你一言我一語的討論，鄭文燦都能馬上歸納出幾個重點，「為什麼不同派系的領袖都很喜歡他、重用他，這是他很厲害的地方，我看過很多政治人物，非常少人能像他這樣。」

江湖上傳言，鄭文燦能記住一萬五千人的名字，真實性雖難以科學方法驗證，但從桃園市五百零四位里長，他個個都叫得出名字，出席任何活動，現場的與會來賓他都能一一稱呼，無須準備看來，可信度頗高。

求教本人，「要下苦工！」鄭文燦說，人名不可能靠死背，一定是在某個場合遇到、慢慢累積，所以要做很多苦工；每件事情都要瞭解，一樣也要做很多苦工。鄭文燦自有一套科學方法：「以瞭解地方為例，要先瞭解桃園的主要道路、主要生活圈的型態、里別怎麼區分、有哪些地標，這不但要累積大量資料，還要『data for man; data for yours』，因為資料是死的，人是活的。」

「他的記性真的很驚人，」負責文稿工作的祕書卓家羽說，市長的口頭施政報告由研考會負責草擬，他對文稿特別重視，要求一定要看。「第一次的施政報告，我跟他對到凌晨兩點，改好的第二天拿給公務員，他們看到整個嚇壞了，」卓家羽說，他們無法想像，市長把每一個工程的期程、金額、開工時間，記得一清二楚。「後來準備第二次施政報告時，大家早早就開始蒐集資料，所以現在我們老闆的口頭施政報告是有水準的。」

「因為聰明，他可以在比較短的時間之內做出比較好的決策；也因為聰明，所以他可以走動式管理。」張惇涵表示，鄭文燦接觸基層愈多，愈知道各地方需要什麼，因此也就愈容易做決策。「我覺得他應該是這個市府最勤勞的工程監督人，跑來跑去，都知道現在進度如何，可能比各局處的人都瞭解，」張惇涵覺得非常特殊，「我看過很多市長、縣長、行政首長，幾乎沒有人是用這種方式在管理的。」

「他一個人可以管所有的事情，因為他都記得住，」研考會主委詹賀舜說，鄭文燦就像一個吸不飽的海綿，告訴他什麼，他全部都可以吸收進去，然後變成他的東西。「為什麼這麼多長官喜歡用他，就是因為他可以把很多東西做整合，還會給長官很多建議。」詹賀舜說：「所有的東西都在鄭文燦的腦子裡面，但因為他事情多比較忙，做為幕僚就是必須找時間把他腦子裡的東西萃取出來。」

政治面向的鄭文燦

「鄭文燦在民進黨中生代已經是代表性人物。」新北市議會副議長陳文治如是說。

「他一路靠自己打拚，灘頭堡已經打下來，現在他是A咖，要學習他的腳步並不容易。」鄭文燦的政壇知心好友范綱祥認為，鄭文燦將來會扛更多責任，他寄予深深的祝福：「前路艱辛，再上去『大聯盟』的球更快、更狠，更難打。」

「鄭文燦很聰明，個性又不慍不火，像他這樣能得到黨內許多大老賞識，優游其中的，目前沒有第二人。」現任台北市議員、好友李建昌指出，蘇貞昌、蔡英文、吳乃仁、邱義仁都很欣賞鄭文燦。「每一位個性都不同，鄭文燦都能在他們手下做事，很不簡單。」

「要能夠等，」鄭文燦說，日本戰國時代三個人物織田信長、豐臣秀吉與德川家康，他最欣賞的是德川家康，因為他最沉得住氣。

他不止一次表示，政治之路不是他人生唯一的劇本，但既然已經粉墨登場，就要盡力扮演好每一個角色。

凡事與人為善

二〇〇九年跟著鄭文燦打一場「明知不可為而為之」的縣長選舉的桃園市議員楊家俍，對鄭文燦觀察入微，推崇備至。「他圓融、細心、周到、與人為善，在桃園幾乎沒有敵人，所有派系都接受他，沒有不可解開的恩怨。」

「派系內外沒有敵人」是民進黨同志對鄭文燦的一致推崇。「這個很難，」陳文治說，有時候為了鞏固自己的位置，不得不樹敵，但在這個位置上鄭文燦還能不樹敵，真的不多見。

「因為他的個性不強求，以處理好人的關係為優先。」楊家俍說，二〇〇九年被徵召選縣長時就是如此，大家不選，叫他選，他就選；二〇一四年形勢大好，很多人想選市長，他也配合，比民調，對方說不能太早，他也同意晚一點。

鄭文燦不忮不求的個性，早在擔任行政院新聞局長時就已顯現。已退休的前駐義大利代表易榮宗，是鄭文燦擔任新聞局長時期的副局長，輔佐鄭文燦一年多，初期因為經常以便利貼、小紙條貼心提醒長官，而被鄭文燦冠上「易副卡」封號的易榮宗，對這位昔日長官讚譽有加。「鄭文燦經常面帶微笑，有不爭功、不爭出頭的個人特質，在工作或政治場域，幾乎沒有看到他和別人有激烈的衝突，或是情緒化的對抗，但是使命感和責任心重，總是認真承擔所有任務工作。」

總統蔡英文在其著作《洋蔥炒蛋到小英便當》一書中提及，二〇〇九年鄭文燦在沒有人願意出來選桃園縣長的情況下，一肩挑起，勇敢承擔；前行政院長蘇貞昌也經常稱讚鄭文燦「最耐操」。

好人緣難免有左右為難的時候，在蘇貞昌與蔡英文競爭總統時，鄭文燦好像夾心餅乾。「我那時在蔡英文這邊擔任發言人，我知道她將改變台灣，但感情上我也不會否定蘇貞昌的優點，與正派的個性。」鄭文燦說，他們兩位都是他很親近的長官。

公私分明，不愛巴結

鄭文燦做事不喜歡把私人的事務帶進公領域。

「市長說，公歸公，私歸私，久了你們就知道，市政問題去找我老婆一點用都沒有。」幕僚這樣說。

鄭文燦也不喜歡占便宜，到球場看球賽，一律自己掏錢買票；就連天團五月天到桃園棒球場開演唱會，幕僚們不僅拿不到任何公關票，還必須自己上網搶票，沒有絲毫特權，讓向隅的他們直呼這就是「最遙遠的距離」。

鄭文燦才上任不到三個月，有一天早上有人傳給他一張照片，在國道一號楊梅交流道的北上出口處，出現以草花植栽布置的「新桃園燦放」幾個字。「我最討厭人家巴結，八點鐘立刻打給農業局長，說我最討厭人家拿我名字作文章，請他去查清楚，中午前一定要撤除。」農業局長霧煞煞，農業局並沒有發包這個工程，究竟是誰做的？查了之後發現，是之前縣政府發包的交流道景觀綠美化工程，原來預定的字樣是「新桃園飛揚」，鄭文燦上任之後，廠商見風轉舵把它改成「新桃園燦放」。

鄭文燦立刻指示：如果是廠商自己的行為，從嚴驗收；如果是公務員指示巴結市長的，一律降職。「我不喜歡人家諂媚，巴結逢迎，不符合我的個性。」

那一天鄭文燦還加碼公開宣布，以後所有公有建築物市長不落款留名。「落款留名不會凸顯政績，改為設計師或藝術家落款比較好；多一點文化，少一點政治。」

處事圓融，不喜衝突

「台灣政治好比醬缸，」環工技師出身的范綱祥說，台灣政治很多地方讓人很不愉快，鄭文燦有辦法浸在其中二十幾年，忍受力真的很強。

新聞處長張惇涵表示，大家覺得他圓融，沒有很尖銳的表達，不大會講煽情、激動的話，他認為這並非缺點。「說實在，我覺得鄭文燦的政治哲學和這個時代的潮流有點不同，這時代的政治喜歡一翻兩瞪眼，非黑即白，要就支持，不就反對，講話直接，但他不是這種風格的人。」張惇涵認為，網路上年輕網友對鄭文燦的評價十分貼切——這個鄭文燦「惦惦呷三碗公」，「他默默做事，不那麼張揚，這樣也是一種風格。」

張惇涵分析，鄭文燦是一個很能管理衝突的人。他說明鄭文燦對轉型正義的看法：「他說，威權時代是事實，也是歷史，我們希望尋求真相，落實正義，讓個人威權崇拜走入歷史，那也是正確的方向，慈湖兩蔣雕塑公園已經脫離政治圖騰的氛圍，成為特殊的觀光景點。」張惇涵表示，主政者要有智慧去包容不同的聲音，這一點鄭文燦真的做得很到位。

范綱祥也認為，鄭文燦的處事圓融值得學習。他說，不能一直拿心裡的那把尺出來量別人，在這個多元社會裡，要學鄭文燦把鋒利的目光稍微鈍化一些，尤其是藍綠對立已經大到沒有必要的程度，每個人勇於表達意見，但同時對於其他人的意見如何看待，判斷力不夠。

市長室主任陳坤榮是沙場老將，對鄭文燦很是佩服。「他的抗壓性超高，我當過很多人的總幹事，鄭文燦再大的事情不會慌，也不會發脾氣，這點是很難能可貴。而且他又有執行力，對事情的追蹤能力又強。這樣的政治人物檯面上不多見。」

「政治人物沒有選上後的傲慢，相當難得，」經濟發展局長朱松偉說，鄭文燦真的很努力，「謙卑、謙卑、再謙卑，說的就是鄭文燦。」

理想青年，堅持初衷

「他是一個很有理想性的人，」施彥廷與鄭文燦因為都有參加學運的背景，惺惺相惜，很有話聊。

施彥廷說，鄭文燦講到以前參加學運的事情，就會流露出一種少年的眼神、浪漫的情懷。他說：「那時候我們每天都在開會，說服大家，在廣場上一個一個說服他們接下來怎麼做，」「壓力很大，但是都還是挺過來了，太陽花學運媒體二十四小時在報導，政府都不能對你們怎麼樣，但我們那時候每天都在想，會不會被怎樣，」說著說著鄭文燦就會流露出一種革命青年的眼神，彷彿是個大學生，赤子之心表露無遺。

鄭文燦比較不忙的時候，也會跟身邊的幕僚講述台灣應該要怎麼改變之類的理想。改變台灣，守護這塊土地，是鄭文燦從大學時期就已懷抱的政治情懷，這個初衷至今沒有改變過。

03

成為領導人前的歷練

與呂游蘇謝和小英總統相印的同理心

從挑戰者變身執政者，鄭文燦幾乎是「一步到位」、「無縫接軌」。「當選那天我就知道自己早已告別幕僚的時代，一切要歸零思考，如何做好一個市長，市長要如何做得到位。」鄭文燦說，「我當選的第一刻，就告訴自己教條、壓力、誘惑、金錢、恩怨都要看破，凡事都要做對做好，讓自己成為市民中心的好市長。」

鄭文燦過去給人深刻的幕僚形象，主要是他一直跟隨過不同的政治領袖。事實上，許多年近距離的觀察領導者決策的經驗，如今都變成他執政的養分。

文宣高手和議員經歷

大學畢業後，鄭文燦一邊在台大念社會學研究所，一邊在「新國會聯合研究室」擔任幕僚，他曾先後擔任陳菊、林濁水、蘇煥智、盧修一、葉菊蘭等人的文宣策劃與政策幕僚。

「壓不扁的台灣菊」就是他和文宣團隊為陳菊量身打造、至今仍令人印象深刻的文宣口號。「一九九三年陳菊第一次在高雄市競選國大代表，當時她是人權工作者，曾經因為美麗島事件坐政治黑牢，承擔這塊土地的苦難。我引用文學前輩楊逵的小說〈壓不扁的玫瑰〉來比喻陳菊不屈服的台灣價值。」

高植澎一九九三年競選澎湖縣縣長，鄭文燦及文宣團隊先是以「一個穿牽拖仔的醫生」突顯高植澎的平易近人，當時的團隊也提出「最窮的澎湖要建立起照顧老人最好的制度，提出發放老人年金兩千元的訴求，並提出『你我攏會老，老來要按怎？』『少年繳年金，老來領年金。』」把世代互助的觀念，用最淺白的語言表達清楚。

一九九四年，陳定南競選第一屆省長，鄭文燦擔任輔選幹部，這場「四百年來第一戰，要將台灣變青天」的選戰訴求，到底如何產生？鄭文燦回憶，「四百年來第一戰」其實是邱義仁的概念，目的是號召選民的歷史感，「陳青天」的說法是許信良的建議，「廉潔先生的意思是，陳定南一絲不苟、不貪不取的剛毅個性，在台灣政壇是稀有動物，也被稱為Mr. Clean，廉潔先生要讓台灣的政治，像陳定南所整治的冬山河一樣的乾淨。第一屆的省長選舉有它的歷史高度，文宣的主要訴求在於人民作主，改變台灣的歷史契機。」鄭文燦說。

鄭文燦擔任陳定南競選第一屆省長直選時的輔選幹部，陳定南是讓他最念念不忘的老闆。

鄭文燦雖然當了很久的幕僚，其實在三十歲也擔任過一屆桃園縣議員。

一九九七年發生桃園縣長劉邦友命案，桃園政治版圖因此改寫，呂秀蓮接連當選兩屆縣長，鄭文燦輔選呂秀蓮當選後，決定自己出馬，參選第十四屆桃園縣議員。那一年鄭文燦三十歲，外表像個文青，在地方上被視為政治素人，沒有派系人脈、沒有經濟資源和知名度，以地毯式挨家挨戶拜票的方式，成為選區中大家熱議的政治新生代，還被稱為八德小太陽，最後竟以全縣最高票當選。

「當時桃園年輕的政治人物很少，幾乎沒有，而我是年輕議員的代表。」鄭文燦說，議員沒有很大的發言空間，沒辦法影響地方發展，雖然年輕議員的影響力有限，但四年的議員經驗，讓他走遍每個社區與庄頭，也打下了熟悉地方事務的基礎。

鄭文燦三十歲那年，參選桃園縣議員，以全縣最高票當選。（邱萬興提供）

擔任議員，讓鄭文燦深刻了解，議員必須對選區、選民負責，尤其必須完成對地方的承諾。這樣的經歷，讓他在擔任市長時，了解要如何協助議員，在藍大於綠的議會生態中，用不對立的方式，讓市府預算年年過關。

策劃「反反分裂法大遊行」

二〇〇五年，蘇貞昌擔任

擔任桃園縣議員時，鄭文燦曾幫助聯福自救會的女工。攝影／羅興階

民進黨主席時，鄭文燦是文宣部主任。這位「衝衝衝」的長官，從不吝惜稱讚他是「很難找到、提著燈籠都找不到的好人才」，經常掛在嘴上說的話是：「鄭文燦又聰明又耐操！」

鄭文燦自認最「操」的一次，是二〇〇五年策劃「反反分裂法大遊行」。當時中國通過《反分裂國家法》，激起台灣人民普遍的憤怒，為了表達台灣的立場，反《反分裂法》，民進黨決定組織「和平民主護台大聯盟」，以反《反分裂法》為訴求，發起「三二六百萬人民護台灣大遊行」。

由於時間緊迫，鄭文燦告訴蘇貞昌主席說：「要請主席作一個好演員，每天照劇本演出。」自己和黨部幕僚則費盡心思推出一個又一個加溫的行動，並且讓民間社團幾乎全部動起來。

詹賀舜當時任職文宣部，至今記憶猶新，他指出，當時策劃了一個大型的十路會師，十條遊行路線最後匯集在總統府前的凱達格蘭大道上。鄭文燦負責協調各單位，短短十四天內要把設計物、路線規劃、活動進行安排就緒。「在這場活動中，他展現細緻的整合能力，文宣的訴求、新聞的節奏、活動的開始與結束，然後用最快的速度與主管電話會議，跟各部門達成共識，讓這場規模空前的大遊行順利開展。」

忙中有錯，詹賀舜唯一被鄭文燦「大聲講話」的經驗，就是因為這場「反反分裂法大遊行」。「遊行流程給錯了，」詹賀舜說，因為活動的流程一直在修改，後來上呈總統府的竟是錯誤的版本，「那是我遇過他最生氣的一次，平常縱使同仁犯錯，他也會好好的講，真的很少看到他生氣。」

這場遊行以「和平民主護台灣」為主題，鄭文燦別出心裁地首度把中華民國國旗帶入民進黨的遊行場合，國旗搭配七彩橄欖枝布置在總統府前的凱達格蘭大道。「七彩橄欖枝象徵和平也代表台灣很多元」；至於為何在凱達格蘭大道布置國旗？鄭文燦表示：「在台灣不管支持藍或綠，支

鄭文燦策劃二〇〇五年「反反分裂法大遊行」，表達「和平民主護台灣」立場。（邱萬興提供）

持哪一種旗幟，包括國旗在內，都是多元價值的展現，不能支持五星旗，只有五星旗不是我們的選項，所以史無前例地在民進黨主導的活動掛上國旗。」

這場遊行號召了百萬人走上街頭，是鄭文燦記憶中幕僚生涯裡最操的一次，不過操得很有收穫，這場遊行非常成功。

發言人就是7-11

幕僚生涯中，鄭文燦最常擔任的角色就是發言人。他先後擔任過陳水扁、謝長廷、蘇貞昌、蔡英文四位總統或黨主席的發言人。

「這個很難，各黨的發言人平均半年到一年就陣亡了，說不定去一次汽車旅館就陣亡了。」發言一向謹慎的鄭文燦私下不失幽默。

鄭文燦第一次當重要的發言人其實是在二〇〇四年總統選舉，他擔任陳呂總部新聞部主任兼發言人。從陳由豪事件、二二八牽手護台灣、三一九槍擊事件，一路打到總統選舉完，進行重新驗票，事件接二連三、應接不暇，幾乎不得喘息。但也由於他一路過關斬將，表現平穩，自此成為民進黨內公認的最佳發言人。「政治上，我覺得很多時候劇本無法預測，但是你要把自己放在一個準備好的狀態，很難說今天學了什麼，日後會不會用到。發言人需要比較豐富的知識。」鄭文燦有感而發。

對於發言人的角色，鄭文燦拿捏精準，也很有心得，笑稱自己可以開班授徒。

發言人的重責大任就是講話要讓人聽得懂、能接受，鄭文燦的發言具備這樣的功力，他常說發言人要雅俗共賞，要說給知識份子聽，也要說給庶民大眾聽，「這兩個世界我都瞭解，所以表達事情能化繁為簡，講到讓大家都聽得懂。」

除了話要講得得體，當好發言人，還要練就一身功力。鄭文燦形容發言人是7-11的工作，必須早起，七點前就要把所有新聞看完，八點晨報才能報告輿情。「新聞工作就是要把當天的錯誤訊息立可白，隔天才講沒有用。」

「發言人要像千手觀音，球丟來要接，接了之後要有回應。」「發言人工作要做得好，必須要得到決策者的信任，在第一時間得到第一手的訊息，讓你可以瞭解決策者的思維，對外適切表達，」鄭文燦說，發言人與決策核心要能直接對話，如果只是被派出來講官話，信用很快就會掉漆。

發言的「眉角」很多，例如要提供正確且充分的資訊，但並非知無不言，言無不盡。「發言人可以不說出全部真相，但底線是不能說謊，否則要圓謊、找下台階都很困難。」

「發言人講話不可以有個性，」鄭文燦說，他不會故意找哏，講新聞標題式的嗆辣語言，「口號講太多有時候會失真，收不回來。」鄭文燦選擇平淡、不惹爭議的語言，建立起穩建的形象。

「發言人還要很有耐心，記者會用不同角度試探內幕，想要瞭解更多；要耐煩，要能夠不厭其煩，一件事情要像放錄音帶一樣，不停播放。」

發言人有兩個工作介面，一邊是老闆，一邊是媒體。鄭文燦面面俱到，各有一套相處哲學。

面對媒體，鄭文燦謹守分寸，電話保持二十四小時暢通，晚上十一點多要有接電話的準備，因為截稿時間快到了，記者要追新聞；不能操作獨家新聞，獨厚某家媒體，新聞發布就是要一視同仁。

「媒體是綠洲，記者是遊牧民族，他今天在這個報紙，明天可能跳到另一個報紙，不能有分別心。」

近距離觀察，學習不同領導態度

呂秀蓮當桃園縣長時，鄭文燦是議員；陳水扁總統時代，鄭文燦是黨的文宣部主任、執政時期的新聞局長，蘇貞昌擔任行政院長時，鄭文燦則是新聞局長，算是最近的幕僚之一；謝長廷選總統那一次，鄭文燦也擔任發言人群的召集人；蔡英文擔任黨主席時，鄭文燦是首任文宣部主任。

「領導者沒有完美的！」近距離觀察，鄭文燦對於領導者的個性也有深刻的觀察。「畢竟不是從媒體上看，而是從工作上看。」鄭文燦認為，領導者之所以會成為領導者，都有一個很堅定的意志，個性中的韌性都很強，因為從政要有抗壓性，特別是民進黨的領導者。

「我可以理解不同領導者的個性，」鄭文燦分析——

「蘇貞昌比較直率，某種程度上也比較急，優點是很有魄力，分析清楚以後，敢承擔，敢決策，不會拖延。他有很多大家沒看到的特質，例如，他很願意學新東西，對幹部很細心，很照顧；生活很簡單，完全沒有個人享受，對自己要求很嚴謹、方方正正，他經過屏東縣長連任失敗，歷經人生的低潮，一直到當選台北縣長後：他才重新回到舞台，此時的蘇貞昌變得比較圓融也去掉很多稜角，但本質上他是很方正的人，不怕壓力誘惑。他去跑場都是愈有效率愈好，中間休息時間都壓縮掉了。假設跑行程中午有一個小時的時間，他寧可用十五分鐘把飯吃完，其他時間在車上看資料。

蔡英文則是思慮嚴謹周延的領導者，學談判出身的她會模擬事情的劇本，想下一步會怎樣，總是希望各種狀況都能掌握。她的思維方式比較不容易掀底牌，話講得比較保留，但如果要尋求改變她的決策，必須用道理、用結果的價值來說服她。我近距離看她很多年，從蔡教授，蔡主委，蔡副院長到蔡主席、蔡總統，她也有些改變。她當副院長，比較有時間，會綜合各方意見看法，比較務實，包容度和平衡感都不錯，處理政策的細緻度比較高；現在，當總統面對內部當然考慮更多，包括處理民進黨內的事務也是一樣，整體來說，她是追求進步的價值，但她想用包容、整合的方法完成。

陳水扁基本上很授權，定調下去就授權你去發揮。我跟他出訪友邦時，非常佩服他，每天忙到十二點、一點，從不喊累，他的習慣是，一定要在前一天把所有資料看完，第二天不論主持會議、演講，或跟外國政要對話，都很精準。他每一個發言都很有力度，幕僚都不用擔心他會有錯，脫稿情況很少，他幾乎可以一字不漏地表達，他每件事情都是全力以赴。

謝長廷是完全讓發言人自己寫劇本，因為他有很多想法，記得他在打馬英九綠卡時，每天都能出不同的招式。他很細緻，對人性洞悉的透徹度很深，跟他報告事情，他只要三十秒就瞭解，是絕頂聰明型的領導者。」

以處理衝突和危機事件為例，每位首長的個性不同，處理的方式也不一樣，「蘇貞昌是快刀斬亂麻，蔡英文是會找大家來商討解決方案，謝長廷是心中早已準備好幾個方案，陳水扁是直接就拿出方案。」

其中最讓鄭文燦念念不忘的是陳定南。在鄭文燦眼中，陳定南是個很特別的人。「他是一絲不苟，有人說他注重細節，例如，他到一個演講場，會很在意燈光音響，我覺得那些事情他不用管，但是他像行家一樣在乎，燈光音響是否讓他的演講讓人民聽得到、聽得懂，外界把他當作完美主義者，其實他只是想要清楚傳達理念。」

「他有一次給我看他的書，每本書都有他的手寫註記。他讀書有個習慣，會校正錯誤與錯字，然後寄還給出版社，出版社會再寄一本新的送他。」

陳定南讓鄭文燦印象最深的，不是他龜毛的個性，而是他的不妥協。

「他選省長時有些人來跟他互動，有些人要跟他談人事條件作為交換，他說他不喜歡這樣的政治，一律拒絕。他說，他不會在選舉之前跟任何人做職務上的承諾，因此直接否決。」

「與其讓人家喜歡，不如讓人家尊敬。」鄭文燦覺得這句話很能表現陳定南的內心世界。作為幕僚，要讓老闆喜歡？還是接受？「我不只是前台的化妝師，我還會精準地把外面的聲音反映給老闆，無論是好、壞，都要讓他知道。」鄭文燦說，當幕僚時他採取「有話就說」策略，「不過說壞話要有技巧，包裝一下，委婉表達。」鄭文燦說，他會稍微模擬一下，這件事情該怎麼講，才不會把氣氛弄得很差。「無論如何，讓老闆知道真實狀況是我的責任，」鄭文燦說：「做幕僚的辛苦就是光彩作給老闆，艱苦自己吞。」

「我經歷過不同的領導者，擔任過不同的幕僚和發言人，有這種經驗的真的不多。」

「每位領導者都有個性，有情緒，有好惡，」鄭文燦表示，一個好的領導者要有自己的看法，用自己的價值來領導大家，幕僚在後面敲鑼打鼓、幫忙寫劇本，但終究舞台上的主角還是最重要的。

「有一天你成為主角才是唯一的關鍵。」他說。

04

流水的官，必須做好打勝仗的準備

政務官的拚命寶典

三十九歲那一年，鄭文燦被延攬入閣擔任第二十三任行政院新聞局長，與青輔會主委鄭麗君成為當時最年輕的閣員，任期從二〇〇六年一月二十五日到二〇〇七年四月二十日，雖然才短短一年三個月，但有心改革的他，對台灣的影視產業政策產生深遠影響。這段生涯中第一次的政務官歷練，讓他深入瞭解公部門的制度與文化，對現在領導市政團隊幫助很大，彌足珍貴。

「鄭局長在第一時間也許不會讓人覺得很搶眼，但經過時間的洗練，會發現輕舟已過萬重山，他已實實在在做了很多事。」這是當年輔佐他的副局長易榮宗對鄭文燦的描述。

從問號到驚嘆號

「擔任新聞局長改變了我的人生，」鄭文燦在蘇貞昌擔任民進黨主席時，是他眼中最器重的幹部之一，蘇貞昌組閣時，拔擢鄭文燦擔任新聞局長。

「新聞局長的歷練讓我深知公務員的能力與做事的方式，也學習如何溝通、如何領導、如何帶動，這些經驗對現在擔任市長很有幫助。」鄭文燦說，新聞局同仁在文官系統裡水準很高，經過國際新聞特考進來的公務員，不但個個有才華、外文能力好，又見多識廣。有些資深同仁已經歷過無數長官，對於這位由民進黨文宣部主任轉任的局長，剛開始心裡存有很

鄭文燦入閣擔任行政院新聞局長，讓他有機會深入了解公部門的制度與文化。（邱萬興提供）

多問號。「他對國際事務瞭不瞭解？對影視產業瞭不瞭解？對政院的各部會業務瞭不瞭解？新聞局業務很複雜，能不能當好局長？」

「我大概兩個月就改變了新聞局的氣氛，讓大家覺得我通情達理又貼心，」鄭文燦說。

時任副局長的易榮宗旁觀者清，他指出，鄭文燦博聞強記，對於各項政策的大方向和細節都能準確掌握，加上認真負責做實事和尊重同仁專業評估的態度，所以決策非常明快。「他在短期內就能熟稔掌握新聞局的各項法規政策，令人衷心佩服，甚至有同仁稱他為『百科全書』。」

「他是一個很有理想的長官，」文化部流行音樂產業組組長曾金滿，是鄭文燦新聞局長任內的祕書，讓她印象最深刻的是，鄭文燦曾說：「有這個位置不容易，要珍惜，可以在這個位子上做一些事。」當年鄭文燦這句話讓曾金滿相當感動，一直銘記在心。更難得的是，這位局長與人為善，親和沒有架子，「他對公務員是友善的，他曾說爸爸也是公務員，公務員是國家的資產，應該要珍惜。」

新聞局與NCC分流

「新聞局政策有其連貫性，每一任局長都承續前任，一棒接一棒，」易榮宗表示，鄭文燦任期雖不到一年半，但仍有諸多建樹。新聞局與剛掛牌的國家通訊傳播委員會（NCC）業務切割，就是鄭文燦上任不到一個月時遇到的第一個挑戰，也是他展現溝通協調能力的試金石。

鄭文燦主張傳播事業的輔導與監理要分流，輔導工作由新聞局執掌，監理工作則隸屬國家通訊傳播委員會。為此他將已核定裁撤縮編的廣輔小組，回復為原來的廣電處，全力做產業輔導工作。新聞局從此「放下棒子，改握胡蘿蔔」。

其次，鄭文燦任內也努力推動文化外交，努力讓世界看見台灣。新聞局從事國際傳播工作，在傳統外交遇到障礙時，可以用公共外交的方式，透過文化、媒體來呈現台灣，讓台灣被看見。「這方法不能太教條、官僚，」鄭文燦說，直到現在他依然認為，官樣的宣傳沒有效果。

當時新聞局與國家地理頻道（National Geography Channel）、探索頻道（Discovery Channel）合作，「我們要宣傳，但也保持開放性，以多元的方式呈現台灣。」鄭文燦舉《台灣人物誌》節目為例，「當時我選了布袋戲國寶黃海岱、誠品創辦人吳清友、趨勢科技創辦人張明正、綜藝天后張小燕，作為代表台灣的人物。」

另一個節目《綻放真台灣》（Bring Taiwan to the World），以紀錄片的型態報導台灣。其中有個主題是電子花車，視聽處同仁擔心這個主題是否政治不正確？國家地理頻道的團隊還特別飛來台灣，拜訪鄭文燦尋求

2006年《台灣人物誌》，西瓜大王陳文郁（右二）被選為主角之一。

支持。沒想到鄭文燦「完全同意」，還表示：「庶民的台灣也是真實的台灣，不必用政治正確來審查，畢竟是要在國家地理頻道播出，要有可看性。」

鄭文燦還記得自己剛上任時，介紹台灣賽鴿文化的「賽鴿風雲」剛好完成，自己還幫忙做宣傳，「賽鴿雖然有賭博，但也是台灣社會的真實面貌，」他說，後來接續策劃了「台灣101大樓」、「雪山隧道」等紀錄片，成為當年的代表作，更一再重播。

扶植獨立樂團，振興台灣電影

扶植獨立樂團則是鄭文燦上任後推動的新政策。易榮宗指出，對於當年未獲商業市場支持的獨立音樂，鄭局長推動以「少量多樣」的方式，補助獨立樂團發行專輯，通過審議的樂團可以獲得最高新台幣三十萬元的補助，一年補助五十個樂團出專輯。

目前仍在文化部從事流行音樂產業推廣的曾金滿說，台灣獨立樂團日後的興盛，也與鄭文燦在新聞局長任內扶植獨立樂團的政策有關。「獨立樂團具有豐沛的創作能量，非主流樂團的發展其實也奠定台灣音樂創作力的基礎。」對獨立樂團創作、發行、發表的鼓勵，讓

新聞局長任內大力扶植獨立樂團，當年第十七屆金曲獎，董事長樂團獲得「最佳樂團獎。（邱萬興提供）

流行音樂產業能夠多樣化。

另外，台灣過去只是去法國坎城國際唱片展參展、交易，鄭文燦任內開始推台灣代表性樂團去做表演，「閃靈樂團」、「林強樂團」、「好客樂團」在坎城MIDEM國際唱片展演出，是近十幾年來台灣樂團第一個國際演出。

鄭文燦對振興台灣電影也著力甚深。易榮宗表示，鄭文燦對推動台灣電影產業有很強的熱情，希望從人力培訓、財務制度、製片環境、映演通路、國際行銷等方面全方位努力。

一九九〇年代台灣電影產業逐漸蕭條，因為商業電影市場被好萊塢壟斷，人文電影卻叫好不叫座。

如何谷底翻身，資金到位是重點。鄭文燦除了建議行政院開發基金投資台灣電影外，還創立影視信保融資制度，讓電影公司得以享有優惠貸款。此外，鄭文燦也改變電影輔導金的發放方式。時任新聞局機要祕書的詹賀舜表示，過去電影輔導金雨露均霑，鄭文燦認為在發展時期應該要集中火力，支持有潛力、有亮點的片子。其他像紀錄片、短片，鄭文燦覺得也有不同的價值，因此還是保留預算來支持這兩個領域。

詹賀舜透露，當時大家都怕業界會反彈，鄭文燦找來產業界老、中、青三代，一一說服，告訴大家為什麼要這樣做，取得他們的同意跟信任。「他當時跟資深的電影界前輩或年輕一輩，互動都很好，獲得這些朋友的支持，到他離開的時候，產業界電影圈的朋友都還很懷念他。」

易榮宗記得，資深影人周遊在二〇〇六年十一月「台灣電影五十年」活動中誠摯地表示：「希望鄭局長能做久一點，以造福台灣電影。」

「鄭文燦是我印象很深刻的新聞局長，」安可電影公司負責人李崗說，台灣電影很複雜，藍的、綠的、老的、少的、黑的、白的、文的、武

鄭文燦在新聞局長任內，推動紀錄片及本土電影，培養產業人才、劇本、資金等，提升台灣本土電影能量。

的，再加上兩岸，「但鄭文燦很能幹，很快就進入狀況。」

李崗說，二〇〇六年，他與李安正著手進行培養台灣新生代編導人才的「推手計畫」，時任新聞局長的鄭文燦，在實務上給予很多協助，幫忙引介開發基金，雖然最後還是接不上軌，兩人卻從此變成好朋友。鄭文燦離開新聞局後，推手計畫陸續推出「星光傳奇」、「阿罩霧風雲」、「陽陽」、「茱麗葉」等片子，首映會都邀請鄭文燦，他也每次都熱情參與。這些振興台灣電影的政策，間接催生了後來「海角七號」等一波本土電影的復興。從台灣國產電影的票房表現來看，由二〇〇六年的四千三百多萬、二〇〇七年一億九千八百多萬，到二〇〇八年的三億；票房百分比也從百分之一點六二、百分之七點三八，躍升到百分之十二點零九，成長有目共睹。

對歷史文化情有獨鍾的鄭文燦，也相當重視電影資產的保存。導演李安「用感性和理性看台灣電影」國際媒體座談會；與阿根廷、智利合辦「台灣電影回顧展」等，都是在他新聞局長任內。

處理公務有效率、不關說

據說鄭文燦在新聞局長任內可以做到「公文不過夜」，當天批完。他的說法是：「因為新聞局的同仁素質都很高，基本上沒有什麼爭議性的議題要處理，公文大多是各處的業務而已。」鄭文燦說得「輕巧」，從旁人的眼光來看，這位長官功夫實在了得。

「他過目不忘、一心可二用的能力令人嘆服。」易榮宗指出，像新聞局一些案子如電視數位化專案，牽涉到硬體設置和內容籌製，又是前案歷史、過程發展、法規援引及現況研析……一案的簽呈約十公分厚，「一般我們看到後面，常要再翻一翻前面內容以互相參照，但鄭局長卻能快速看完全案記住所有重點，過一段時間仍可詳實說出。」

曾金滿當時是負責公文的祕書，對鄭文燦批公文的效率直呼不可思議。「我常看他看公文，都是直接翻過去，一目十行，但批示都有他獨特的見解。有一些在公文裡沒有呈現出來的，他也會有獨特的想法。」曾金滿說，即便他有時沒睡飽，第二天眼睛泡泡的，公文照樣能批，思緒絲毫不受影響，看公文快又精準。「我們覺得他應該有學過速讀，可是他從來沒有承認過，只能用特異功能來形容。」

另一項影響新聞局文化甚深的，是調派制度的調整。

以前新聞局有個傳統，國家派你到哪裡，你就必須要到哪裡。鄭文燦任新聞局長時，派駐海外同仁的重要調動，他都會親自打電話，詢問這樣安排好不好？

外派有好缺，也有壞缺，因此處理方式就必須真正落實公平公正。鄭文燦落實志願表制度，三個月前先填，盡量配合個人的表現和志願，按照職務表現、年資、志願排序，讓輪調制度化。「同仁知道他不用關說，我也減少了一些壓力。」

「迷航之旅」不迷航

新聞局長兼任政府發言人，能將各項繁雜的會議內容，精準的重點歸納並向媒體記者轉述，也是鄭文燦為人所津津樂道的專長。

鄭文燦新聞局長任內，除了新聞局本身文化性、影視類的出國行程外，還跟隨陳水扁前總統出訪三次及陪同蘇貞昌前院長出訪一次。其中一次，就是未事先公布行程、人稱「迷航之旅」的巴拉圭國事訪問。

鄭文燦事後跟記者開玩笑，說這趟迷航之旅是「A字頭的旅行」：「阿扁專機，A開頭；第一站阿布達比，A開頭；阿姆斯特丹，A開頭；

亞松森，A開頭；哥斯大黎加總統阿里亞斯，也是A開頭，5A之旅。」

「事實上，國安及外交團隊事先都安排好了，不是外界想的迷航啦！那次我記得起飛後，衛星電話和衛星影像都關閉，大家都不曉得要飛哪裡，有記者看到底下很像雪景，大喊阿拉斯加到了，後來發現不對，顏色不對，不是雪地，是沙漠。」

沒多久聽見廣播，第一站阿布達比到了。飛機在阿布達比機場降落時氣溫高達攝氏四十度。加完油，陳前總統跟當地政要簡單晤談後，又從阿布達比起飛。當時媒體盛傳要選一個中東國家做外交突破，但是因為中方全力防堵而破局。就一路直飛歐洲，在荷蘭阿姆斯特丹降落，飛機加完油立刻再起飛，從北半球的阿姆斯特丹直飛位在南半球的巴拉圭。

巴拉圭多遠？「從台灣打個洞，穿越地心到地球另一端，就是巴拉圭。」鄭文燦形容，當時巴拉圭是我們土地面積最大的邦交國。這航程飛了十六小時，預計九點鐘降落，在亞松森降落時剛好八點五十九分。「聽說很多人都守在電視機前面，我家人也都守在電視機前面，看我飛到哪裡去了。」

這次的出訪，許多國人都守在電視機前，關心總統專機何時降落。當專機安全降落在亞松森機場時，許多人高興地流下眼淚，畢竟總統出訪是代表台灣、代表國家。這次出訪，繞地球一圈，是一次難得的經驗。

短暫任期，溫暖惜情

鄭文燦後來因為台視公股釋股案黯然辭職，對他而言，這是重大的挫折。對新聞局的同仁而言，也甚感意外與惋惜。

當時有好幾家媒體想競標，鄭文燦被指介入，再加上適逢民進黨總統初選，媒體不斷炒作渲染。

「我其實沒有做任何一件違法的事，行政院的調查報告也證明我的清白。但是當時為了避免造成行政院的負擔，我向蘇院長報告說我負全責；也跟新聞局同仁說，身為政務官該擔當就擔當。」鄭文燦說。

那天，開完辭職記者會，新聞局同仁送鄭文燦步行到行政院門口，他連公務車都不搭，招一輛計程車，瀟灑地揮一揮衣袖，不帶走一片雲彩。「我回桃園休息了一陣子，人家說，人情冷暖，我卻覺得卸下壓力真的很好。卸任後，新聞局同仁知道我出國了，都還會來機場接一下。」鄭文燦點滴在心頭。

「他不是熱情外放的人，但確確實實是一位內心溫暖的『暖男』，」易榮宗說，鄭文燦和人相處隨和不多言，但如沐春風。「他也很珍惜在和同仁共事的情緣，組織改造一週年後，新聞局老同仁聚餐，鄭文燦不僅到場，還一直待到最後全體合影後才離去。」

「就我所知，新聞局同仁對他都還蠻懷念的。」曾金滿說，雖然只有在新聞局相處短短一年多，但鄭文燦是個很念舊情的人，曾有朋友跟她說：「鄭文燦市長很關心你，業務上有需要的話，要我多幫你。」曾金滿輾轉得知老長官的關心，非常感動，「他到現在還會默默關心我們。」

短暫一年多的新聞局長任期，鄭文燦創下從問號到驚嘆號的奇蹟，留下暖暖溫情。

05

「我知道桃園人要什麼！」

勇於承擔沒人敢做的事，成敗就不再是關鍵

人生有很多轉折，從人人稱羨的第一志願台大電機系轉社會系、從首都台北回到桃園當地方議員、從黨職到新聞局長、從幕僚到第一線選縣市首長，鄭文燦每一次抉擇，都是人生的重大轉折。

「每一個過程都是艱難的選擇，每一次選擇都得做很辛苦的工作。」鄭文燦說：「假設二〇〇九年沒有回桃園選縣長，我可能會擔任蔡英文總統的重要幕僚，角色不一樣，我的人生也會不一樣。」

二〇〇九年桃園縣長選舉和二〇一四年桃園市長選舉，對鄭文燦來

說，其實是同一場競賽的上、下半場，他開始於臨危授命的承擔，轉而成為愛鄉愛土的抉擇。對鄭文燦來說，這絕對是他人生中的關鍵選戰，也是他總能反敗為勝的最佳寫照。

民主第一代 V.S. 權貴第三代

鄭文燦與吳志揚交手過兩次，第一次是二〇〇九年選桃園縣長，第二次是二〇一四年選桃園市長，首次敗選，卻意外地「成功」；第二次險勝，再度跌破眾人的眼鏡。從此鄭文燦在桃園扎根，在政壇也有了難以取代的立足之地。

二〇〇九年鄭文燦之所以投入桃園縣長選舉，是因為在參選登記日前一天下午被民進黨主席蔡英文徵召，臨危授命，披掛上陣。

那一年民進黨桃園縣長提名難產，過程曲折。一開始，原擬跨黨合作，後來破局；接著考慮提名的幾個人選也紛紛打退堂鼓。桃園之所以沒人願意選，是因為毫無勝算。二〇〇八年總統大選，謝長廷和蘇貞昌搭檔，兩人在桃園輸了三十萬票。「有哪一個候選人隔年可以逆轉勝？」鄭文燦分析表示，那是一場對手擁有絕對優勢的不對稱選舉，於是大家裹足不前，「如果你選縣長輸了三、四十萬票，那以後就結束啦，不太可能再參選了！」

二〇〇九年十月四日，開始登記日前一天，民進黨主席蔡英文找上了鄭文燦，雖然蔡英文主席事前沒有說明此次會面的緣由，但鄭文燦已心裡有數。

那是一個星期天下午，民進黨黨部沒有開門，蔡英文約鄭文燦會面，「我當然知道桃園縣長沒有人要選，而隔天就要登記了，」記憶力超強的鄭文燦說，過程跟蔡英文在《洋蔥炒蛋到小英便當》書裡面寫的不太一

二〇〇九年，民進黨主席蔡英文徵召鄭文燦參選桃園縣長，陪鄭文燦騎單車在桃園市區造勢拜票。攝影／邱萬興

樣，「書裡說我勇敢承擔、主動請纓，其實那時候主席第一句話是說：『等一下我說的話你不能拒絕喔！』第二句話接著說：『明天不能開天窗，桃園縣長沒有人，你星期三要準備去登記啊！』」

「我知道蔡主席為難的地方，」鄭文燦說，因為不能開天窗，那次選舉蕭美琴被派去花蓮、林右昌被派去基隆、楊長鎮被派去苗栗，清一色都由年輕人去擔綱，因為都找不到人。「當時的民進黨的處境宛如廢墟重建，蔡英文敢承擔，我們當然也要承擔。」

向來擅長文宣、抬轎無數的鄭文燦，利用多出來的兩天颱風假完成他的選舉論述。他親手寫下參選聲明〈庶民台灣・勇於承擔〉，剖析自己從十八歲開始，二十四年來追求台灣民主自由和社會公平正義的努力，並且承諾：「我願意以『開拓民主台灣的新生代』迎戰『政治世家的第三代』！我將以『庶民台灣・勇於承擔』作為我的競選理念。在『庶民台灣』和『權貴台灣』之間，我將以理念和政策之爭，接受桃園鄉親的考驗！」

十月七號星期三，蔡英文陪著鄭文燦騎腳踏車去登記參選，當天鄭文燦便喊出了「民主第一代對抗權貴第三代」的口號，為這場艱難的選舉定了調。

當時正好電影《赤壁》上映，蔡英文認為鄭文燦文武雙全、足智多謀，很像三國裡的周瑜，只是胖了點，於是給了他「胖周瑜」的封號。鄭文燦神回主席：「周瑜身邊有大喬和小喬，我都沒有。」

還能談笑風生的鄭文燦，其實心情有如「赤壁大戰」前夕一般沉重。他還搞笑地跟蔡英文說：「諾曼第登陸，沒刀又沒槍，我只拿一支旗子就要登陸。」實際狀況的確是如此：「雨這麼大，風這麼大，旗子掉在地上沒有人敢拿，我拿起旗子，請大家跟我走。」就這樣，鄭文燦捨我其誰地舉起掉落地上的旗子，不畏風雨，奮力往前衝。

勇於承擔艱困選戰

現任桃園市議員范綱祥，曾在一九九八年與鄭文燦同時參選桃園縣議員，當年他差三百票落選，心灰意冷轉而去考律師，不意二〇〇九年再次與鄭文燦在政治這條路上交會，成為並肩作戰的「難兄難弟」。范綱祥在選前七十天被徵召選桃園市長（縣轄市）、鄭文燦在選前兩個月被徵召選桃園縣長。

「他比我更勇敢！」范綱祥笑說，「其實那時我已經在當律師，人生已經平靜了，要不是因為陳水扁事件，民進黨趴下去了，我也不會被迫披掛上陣。」

「鄭文燦渾身是膽，人面又熟，我根本就是學著他選。」范綱祥說，一場辦桌場合，鄭文燦可以叫出五分之一人的名字。自己沒有知名度，只能跟著鄭文燦跑。「大家看這對難兄難弟很可憐，民進黨這麼艱苦……碰到主持人比較巴結當權者的，我們是連舞台都走不上去。」說起二〇〇九年那場選戰，范綱祥也感慨萬千。

決定參選後，鄭文燦打電話給現任桃園市議員，當時同在民進黨組織部工作的楊家俍，請他擔任選舉期間的隨行祕書，楊家俍也一口答應。楊家俍至今仍清楚記得，他跟鄭文燦兩人從台北回到桃園的第一個行程，是在八德一家海王城餐廳，農會有個三、四十人的小組聚餐，「這是我第一次見識文燦的記性和認人的功力，距離他當年在桃園當縣議員已十年，他竟然還叫得出在場所有人的名字。」也因為這樣，鄭文燦一下子就把昔日感情抓回來，現場氣氛馬上變得很熱絡。

「一開始找不到競選總部，總部開張時也沒有人送花來，」鄭文燦無限感慨地說，五十八天要把桃園跑透透，每天早上五點起床跑到晚上十二點，行程以十五分鐘為一個單位，其中的辛苦非一般人可以想像。

初期擔任競選總幹事的沈發惠透露，有一天他開門看見鄭文燦在辦公室裡埋頭剪皮帶，跑不到一個月他已經瘦了一圈。「我看了非常感動，」沈發惠說，沒有資源、募款困難的選戰打起來真的很辛苦。

更讓鄭文燦感到艱難的是，每次參與活動，現場主持人介紹對手吳志揚都稱呼「準縣長吳志揚」；介紹他則是「鄭文燦先生」。「真的喔，每一場都這樣子。」因為大家認為吳志揚鐵定當選，但鄭文燦仍然用微笑面對這一切。

在這樣的氛圍下，鄭文燦並沒有灰心喪志，依舊努力背水一戰。「排行程都不用考慮休息時間，也不用預留吃飯時間，都不用，」楊家俍說，鄭文燦跑行程不容許有些微空檔，只要有個十五分鐘、半小時時間，他就立刻打電話給附近想得到的朋友，到人家公司或家裡喝茶、拜訪。

馬不停蹄跑下來，常常一整天沒吃飯，到晚上才吃第一餐。「很妙的是，到餐廳他又每一桌去聊天、搏感情，吃不到兩口，最後得移師到麵店，只有我和他兩個人才有辦法吃飯。」

每天十六小時鐵人般的跑行程，最令楊家俍驚訝的是，無論楊家俍什麼時候去接鄭文燦，他都已經起床準備好了。「陪他跑行程身體上很累，但精神上很輕鬆，」楊家俍說，完全不用擔心會有任何意外狀況，鄭文燦都能兵來將擋，水來土掩。特別是他的親和力，非常具有魅力。

楊家俍印象最深刻的一次活動，吳志揚致詞完離開之後，鄭文燦接著上台，開始一一點名問候台下來賓、代表、里長、幹部，現場本來鬧哄哄的，突然就安靜下來，注意聽他講話。「自此之後，我就很希望多安排他跟群眾面對面，因為鄭文燦具有一股天生的親和力。」

選舉資源孤立無援

相較於鄭文燦的努力、不放棄，孤立無援的局勢更令人感到挫折與惋惜。根據民進黨初期的民調，鄭文燦輸對手二十萬票以上。「黨部是依民調來調配資源，所以某種程度來說，我們可能被放棄。」楊家俍回憶。

選舉雖不能說自己不會贏，但那一場選戰的確毫無勝算，真的很難打，對手甚至高傲地喊出：「要大贏三十萬票！」「沒贏二十萬票不算贏！」

「大家對於文燦願意承擔很感動，很疼惜，都抱著不要輸太多就好的心態，」楊家俍說，沒想到以「不要讓他輸太多」為訴求，非常能打動人心。

說起來，整場選戰還真的很符合鄭文燦主打的「平民戰權貴」基調。最尷尬的一次是跑一個汽車廠，鄭文燦從外面一路握手握到裡面去，但現場主持人不介紹他上台，隨行祕書楊家俍心急如焚，一直狂call找他們來的聯絡人，結果那個人人間蒸發，鄭文燦反倒安慰楊家俍：「沒關係，我們下一場行程也很趕，我們先去下一場。」然後兩個人就默默地離開現場了。

這種只能在台下握手，連上台機會都沒有的場合，鄭文燦一樣心平氣和、不生氣，倒是引來台下民眾替他覺得不平：「有需要這麼現實嗎？」

對於鄭文燦的忍耐力和高EQ，楊家俍無比欽佩。選舉後期鄭文燦的家人也紛紛出動幫忙，有一場他的媽媽來站台，那天下雨很冷，鄭文燦從外面群眾場回到車上時，大家才發現他一直在發抖，媽媽在一旁很心疼，楊家俍也感到很內疚，但鄭文燦依舊面不改色說：「沒關係，下一場很趕。」

更叫人津津樂道的是，鄭文燦的「隨便吃」。楊家俍說，鄭文燦真的很親和，人家給他吃什麼他都吃，即便是殘羹剩飯，他都不計較，「他最喜歡飯拌菜湯，選民只要這樣跟他吃一次飯，一輩子都忘不了！」

雖敗猶榮

趕鴨子上架，五十八天選戰打下來，結果卻出乎意料的好。開票結果，三九六二三七票對三四六六七八票，鄭文燦只輸四萬九千五百五十九票，與先前民調預估會輸二十幾萬票相去甚遠，因此被蔡英文譽為「鄭文燦的五十八天奇蹟」。

「滿精彩的，我挑戰了一個大家認為不可能的任務。」鄭文燦說：「第一，沒有人敢選，我承擔了；第二，時間很短、資源很少，我願意投入；第三，兩個月的時間竟然打出歷來最好的成績，二〇〇八年謝長廷選總統輸了三十萬票，我在隔年第一次選縣長，只輸四萬多票。」

小輸，其實是大贏，鄭文燦選贏了桃園人心。

鄭文燦何以能在短短的五十八天創造這樣的奇蹟？他自己剖析，是因為知其不可而為之的張力，再加上選舉訴求拉出強烈的對比。兩個年紀相仿的年輕人，成長背景卻大不同，一個是來自普通家庭、一個是出生政治世家，「對比鮮明，容易辨識，」鄭文燦說。

「我真的體會了『雖敗猶榮』那四個字，」鄭文燦說，在那種感動的氣氛下，雖然敗選，他卻謝票謝了整整一星期，還在南北桃園各辦一場感謝晚會。連謝長廷看了都安慰說：「文燦，你比當選還風光，只差沒當縣長而已！」

所有選民都要求鄭文燦留下來，他當時也慨然允諾：「這是我的故鄉，故鄉的人民給我這麼大的熱情支持，我決定留下來。」

鄭文燦向民進黨中央表達要留在桃園的意願，但因為沒有什麼職務，只好接黨部主委。「陽春主委，沒有薪水，沒有座車，更沒有司機，還要負責募款。」鄭文燦苦笑說。

二〇一二年，當時的民進黨主席蔡英文競選總統，桃園龜山蘆竹區立委的對手陳根德很強，當了五屆立委，也當過議長，民進黨一樣又沒有人選，黨部在選前幾個月再度徵召鄭文燦，那次雖然他再度敗選，但鄭文燦選擇留在桃園持續扎根。

「二〇〇九年是幫二〇一四年打底，」現任桃園市議員楊家俍分析，鄭文燦這場選戰豎立了勇敢承擔的形象，也讓桃園人重新認識他，看到桃園子弟鄭文燦的成長。「情感面來說，桃園人無法割捨他；理性面來說，經過中央歷練的鄭文燦真的令人耳目一新。」

「二〇〇九如果沒參選，二〇一四年就不會贏，」鄭文燦說，回顧這場五十八天的選舉，他心中只有說不盡的感謝及回憶。

經過縣長選舉，鄭文燦再次參選二〇一四年桃園市長選舉，希望兌現對桃園鄉親的承諾。

君子允諾，來日必踐。鄭文燦在二〇〇九年對桃園鄉親許下的承諾，二〇一四年真的兌現。

06

路在腳下，事在心上

兌現承諾，與兩百萬市民一條心

二〇一四年，桃園升格直轄市的第一場市長選舉，鄭文燦以百分之五十一的得票率險勝尋求連任的國民黨籍現任縣長吳志揚，當選桃園市升格直轄市後的第一任市長。

選舉結果出人意料，再加上鄭文燦直到晚上八點半才到競選總部發表勝選感言，於是有電視名嘴說他「沒料到自己會當選」、「來不及準備感言」。

意料之外的勝利？

「根本不是他沒有準備當選感言，他不用準備都可以發表談話。」市長辦公室主任陳坤榮解釋，開票當天所有電視台的SNG車都等在「被看好」的吳志揚競選總部，電視台得臨時從台北調車下來，商請鄭文燦延遲宣布當選。

沙場老將陳坤榮表示，這場選舉的內部民調，從落後十八個百分點，到選前一週輸三個百分點，但因為民進黨的支持者比較「隱性」，根據以往的經驗推估，這樣的差距事實上已經有贏的機會。「那時候我最忙，但是我記憶猶深。」陳坤榮說，鄭文燦告訴他，自己會低空掠過。最後結果，果然鄭文燦贏了兩萬九千多票。

鄭文燦的信心從何而來？他說，他的判斷來自與民眾面對面的感受。「我在市場、街上、挨家挨戶拜訪，家家戶戶都會出來跟我握手揮手，這

當時選情持續加溫，前行政院長蘇貞昌參加鄭文燦的車隊掃街，也在造勢晚會上親自站台。

是一種看不見的民意熱潮，」鄭文燦說，自己已感受到民意的海嘯來襲、板塊正在位移，而還在迷信傳統動員的對方，並沒有警覺。

雖然候選人自信滿滿，身邊的幕僚卻不一定能洞察選情，顏子傑是選戰過程中，少數莫名覺得鄭文燦會選上的人之一。他觀察到，前行政院長蘇貞昌選前來參與車隊掃街，站在選舉車上的蘇貞昌看到民眾的反應很好，轉頭跟文燦說：「我覺得有機會！我明天還要再來。」

張惇涵則看出一種加溫的趨勢。長期在選舉機器裡的張惇涵說，解讀民調的方式很多，總歸來說，要看趨勢，當趨勢一直往上走，就可以預測在投票日當天，仍然是往上走。「鄭文燦的趨勢是一路往上，沒有掉下來過，我們只是不知道在投票日的那一天，他會不會超過對手。」從里長到總統選舉都打過的資深幕僚王安邦也坦言：「沒有十足的把握！」

一路參與鄭文燦造勢活動的建中老同學廖仁巍是選舉素人，觀察全憑感覺，他說，選前之夜掃街拜票時，看到沿途支持鄭文燦的年輕人非常多，最後隊伍走到中正路的大廟去拜拜，群眾非常多，卻鴉雀無聲，大家非常虔誠地為他祝禱。「那個晚上我就感覺他會贏。」

投票日當天，四點開始開票，四點半鄭文燦就打電話給時任民進黨選舉對策委員會副召集人林錫耀說自己會贏，林錫耀好笑地回他：「才四點半你就說會贏，你是不是在做夢呀？」五點多，鄭文燦再打電話給主席蔡英文，跟她提醒：「主席，妳要有我當選的心理準備。」小英主席也安慰他：「好啦，好啦，我知道啦！」

鄭文燦並不是痴人說夢，而是有科學根據的。他分析，一開始他看了十個投開票所的開票，就知道會贏，因為其中二〇〇九年輸的地方打平，贏的地方則贏更多。

選前人人勸退

「說真的，他選上我很訝異。」鄭文燦大學時期認識迄今的好友、台北市議員李建昌說，鄭文燦二〇一四年要參選市長，九成的朋友投反對票。「其實大家是惜才，因為他在桃園四年已經敗選過兩次，第三次再選不上就報銷了。」

親友反對不是沒有原因，試想二〇一二年總統大選，蔡英文在桃園輸了十八萬票，吳志揚又做了四年九個月的縣長，鄭文燦怎麼能贏？已經連輸兩次，要不要再披戰袍？的確有很大的壓力，鄭文燦身邊親近的朋友，沒有一個贊成，因為政治上精算，鄭文燦的勝率只有兩成，而對方勝率有八成。

「老實說，不看好，」新北市副議長陳文治在一九九八年與鄭文燦同期選議員，退伍後兩人在永和租屋，當了兩年的室友，交情深厚。他認為用傳統的結構來看，過去桃園藍遠大於綠，而且吳志揚縣長已經掌握豐厚的執政資源，「覺得他可以選得不錯，但最多只是拉近而已。」

「文燦四年內要選第三次？」即便是一路在背後默默支持他的家人也有些忐忑不安。太太林俞汝只能表示尊重，「她經歷過多次選舉，知道很辛苦，但她很難開口叫我不要選。」鄭文燦說。

鄭文燦的父親鄭連墩，在他二〇〇九年縣長敗選後，因病過世，不過他早看出兒子的決心。「他生重病的時候問我，有沒有考慮過回中央？」父親說：「以你的條件，去中央擔任政務職，也是可以，桃園這麼難選，一定要留下來嗎？」鄭文燦知道父親疼惜自己，坦白回答：「如果桃園下一次沒有人選，應該就是我選，我可能也很難逃避。」他還開玩笑說：「說不定再落選一次我就可以退休了。」「老爸惜子，看我選得這麼艱苦，」鄭文燦停頓了一下，突然感嘆：「真的很遺憾父親沒有看到我當市長！」

眾人勸退，鄭文燦卻勇敢前行，雖千萬人吾往矣。

「我個性裡有一股不服輸的性格，」鄭文燦說他的不服輸也來自於對人民的信心，「我覺得上次投給我的應該會再投給我，」鄭文燦分析，上次縣長選舉只輸不到五萬票，而馬英九總統執政表現直直落，吳志揚縣長也缺乏出色的政績，「我不能把桃園放下。」鄭文燦如是說。

時任桃園縣長的吳志揚，也缺乏出色的政績，加上選前爆發前桃園縣副縣長葉世文收賄弊案，而吳志揚卻在猶豫三天後，才向社會大眾致歉。鄭文燦則是在選前宣誓，未來擔任市長任內，若是副市長涉入貪汙弊案而被起訴，將展現政治擔當，放棄競選連任。

此外，鄭文燦提出生育津貼每胎三萬元，三歲以下育兒津貼每月三千元的政見，回應了年輕夫妻不敢生小孩的痛苦，讓市民相當有感；堅決主

二〇一四年桃園市長選舉，鄭文燦走遍市場、街上拜票，握過一雙雙熱情的手，感受民意的熱潮。

張支持鐵路地下化，也符合多數市民長久以來的期待。這些政見都展現出鄭文燦的正直與遠見，讓選情的風向，逐漸改變。

赤壁之戰，喜迎東風

「我不能把桃園放下。從政之路決定很難，但一旦決定了就不難了。」鄭文燦說，下決定之前他會長考，但決定了就不再瞻前顧後，只會奮力往前衝。

現任市府祕書處長顏子傑清楚記得，二月二十五日當天早上九點多，自己帶著簡單的行李從松山搭自強號到桃園，就這樣跟隨鄭文燦開始一段「驚奇之旅」。在智庫工作的顏蔚慈，也應鄭文燦之邀，加入競選團隊。就這樣，競選團隊逐漸成形。

二〇一四年三月因發生太陽花學運，媒體尋找當年野百合學運的代表性人物鄭文燦來談太陽花學運。

「太陽花學運」讓很多年輕人重新認識野百合學運、認識鄭文燦。初選出線之後的第一場造勢晚會也延續台灣社會對新政治的期待，以當年野百合造型的留聲機作為主視覺。

王安邦指出，由於鄭文燦是挑戰者，比較不被看好，選戰準備面臨比較多挑戰，就連幹部幾乎都是新手。「因為他本身也是幕僚出身，清楚選舉的節奏，可以完整的進入狀況。」

如果太陽花學運是鄭文燦的第一場東風，那麼第一次開記者會迎來的颱風應該是第二場東風。

鄭文燦的第一場記者會由張惇涵主持，他拿即將來襲的颱風大做文章：「二〇〇九年的赤壁之戰差一點成功，大家知道，赤壁之戰就是要有風，風向轉變了，就會成功。」吳志揚縣長的施政接連發生狀況，這就是一個政治颱風。

當然，天助自助者，成功之路還是得靠自己用雙腳一步一步走出來。德川家康說，生命就像是在長長斜坡上背著重物前進，要時時刻刻忍耐和謹慎，」鄭文燦語意深遠地說，「我從不認為成功會從天上掉下來，一定要付出代價。」

提起當時鄭文燦的鐵人選舉行程，施彥廷如數家珍。「早上五點開始拜訪市場，最早開市的是魚市場，然後以市場熱鬧的先後順序開始排其他的市場行程，通常鄉下一點的地方市場比較早開，都市一點的地方會比較晚，跑到十點多、十一點就差不多了，接著開始中午的活動——吃飯，婚宴可以吃到兩點多，下午三、四點比較沒有活動，這時候就會去拜訪里長、地方耆老、意見領袖，接著又有晚上的行程，比方說某社團辦大會、聯誼活動、廟會吃平安餐等等。尤其是大日子行程跑不完，像關聖帝君生日、媽祖生、土地公生等等，一個晚上可以跑好幾個地方，到九點、十點，又去拜訪，泡茶或是有人約吃宵夜，一直到晚上十一、二點。」

「燦哥是一個意志力很堅強的人，」施彥廷說，即便再累，他一下車遇到選民就立刻展現親和力，很熱情，跟人沒有距離感，有說有笑，從來不會讓人家覺得不耐煩。

親和之外，瞭解民眾的需求，對政策的掌握度高，也是鄭文燦勝出的原因。

張惇涵指出，鄭文燦是桃園在地人，自小在農村家庭成長，從縣議員做起，地方經驗豐富，深知桃園人的需要。

負責政策部分的幕僚卓家羽，除了聯絡智庫的老師、學校的老師，請他們針對青年、社福、交通、文化、農地、水環境等不同領域，提供政策和建議、研擬政策白皮書外，還負責輿情蒐集。「要知道桃園人想要什麼，最基本、最快瞭解的方式就是從網路輿論下手，蒐集輿情，再配合政策做修改。」像「路平專案」，就是看到桃園年輕人抱怨路不平的頻率很高，於是納入交通建設的白皮書。

「在桃園打選戰，除了要尊重區域的差異性之外，還要考慮族群，思考的面向比較廣，」負責組織工作的王安邦表示，所幸鄭文燦是在地出身，得以因地制宜，適應不同區域特性。

選前之夜我就是A咖

選前人人不看好，從民調輸百分之十八到逆轉勝的過程，有人不知不覺，但鄭文燦自己心裡卻是清清楚楚。

選前民調的支持度差三個百分點，看好度也有一段落差，但有一個重要的指標——交叉分析結果，他在青年及高投票意願族群支持度是明顯領先的。「從科學的角度來看，支持他的人會很踴躍投票，這是鄭文燦的信心所在。」張惇涵說。

最後一個星期，國民黨要鞏固桃園選情，黨政要員拚命跑桃園，總統馬英九、副總統蕭萬長、立法院長王金平都來了；鄭文燦索性主打年輕牌，除了力打創立青年事務局的主張外，還在最後一天請來「董事長樂團」助陣，與對手邀請上了年紀的黨政要員形成強烈對比，力拉年輕票。

那個對鄭文燦陣營來說有點心酸的選前之夜，如今回顧卻充滿戲劇性。「我記得最後一天排董事長樂團來助陣，主唱大鈞跟我說，對方是王院長欸，我跟他說，你名叫大鈞就贏了！大軍壓境，千軍萬馬！」

選前之夜請不到大咖，因此決定在中壢及桃園辦兩場遊街。

鄭文燦告訴競選幹部說：「沒關係，今天沒有A咖過來，當選之後，我們就是A咖！」

十點選舉時間截止，鄭文燦在附近餐廳慰勞所有競選伙伴，大家都疲憊不堪，張惇涵跑去跟鄭文燦敬酒求解散，這一段過程充滿戲劇張力。張惇涵舉杯說：「祝燦哥明天順利高票當選！」鄭文燦也激昂回應：「你們要相信我，也要相信你們自己！今天你們是選舉團隊，明天你們就要變執政團隊！」

投票日早上，鄭文燦的幕僚還問他：「感言要寫一篇還是兩篇？」鄭文燦告訴他：「一篇就夠了！」不過，在確定自己會當選後，鄭文燦就把當選感言草稿中「一個偉大的城市終於讓權貴走入歷史！」的敏感字句刪除，「選戰結束了，情緒要放下，」鄭文燦已經有身為市長的認知，開始用包容取代對立。鄭文燦當選感言第一句話是：「選舉的最後一哩路已經結束，執政的第一哩路正要開始，不分族群，不分士農工商軍公教，不分

鄭文燦在第一屆桃園市長就職典禮，宣示執政的開始，打造新時代的桃園。

南北，大家都是新時代的桃園人。」

駐守在競選總部、掌握報票的顏蔚慈對那天晚上記憶猶新，「有的票箱小輸，有的票箱小贏，到六點開始覺得好像會贏，七點走出去，人群開始一直進來道恭喜，「直到那一刻我才知道那一票的價值，明白我們背負的是什麼責任！」第一次參與選務工作的顏蔚慈說。

選後，鄭文燦一刻不停歇立刻上工，要努力兌現對選民的承諾。「當選的第一天，我就把恩怨、是非、利害全部放下，一切歸零，一心只想著如何當好市長。」鄭文燦說。選戰已經結束，在驚嘆號中當選的他，已經想著如何再創造另一個驚嘆號。

認真如便利商店，全年無休

市長官邸入門處，一面牆上掛著桃園的空照圖，玄關中央擺放兩件桃園藝術家的作品，一幅小篆體書法寫著「千里之行始於足下」，陶瓷藝術品上刻的則是李白名詩〈將進酒〉。這些恰恰好就是三年多來鄭文燦在桃園打拚的心境與寫照。

依據《遠見》雜誌二〇一八年五月公布的「縣市長施政滿意度大調查」，共有五位縣市首長蟬聯「五星」榮耀，鄭文燦就是其中一位。在個人施政滿意度的調查當中，他更以百分之七十七點九的高滿意度，居六都首長之首。

鄭文燦的高人氣與高滿意度，是他勤跑地方基層，一步一步走出來的成績；也是處事周到、圓融的他，化解一切是非恩怨的智慧。

說鄭文燦認真，沒有人敢質疑。「我會盡全力，一天當三天用，加速建設、加速前進！讓所有鄉親投給鄭文燦這一票很有價值！」這是鄭文燦無論走到哪裡，經常掛在嘴上講的一句話，相信不少桃園市民已倒背如流。

但此話不是說說而已。「他一天二十四小時，有將近十八小時在工作，剩下的時間大概只夠睡覺，根本沒有時間休閒。」太太林俞汝說，看鄭文燦這麼忙，沒有家庭生活，難免也會抱怨，「但無論如何仍必須尊重他的工作，就像他尊重我的工作一樣。」

平均一天安排十五個行程，睡六小時。一年三百六十五天，鄭文燦天天這樣跑行程，數年來如一日。

進了家門，工作未必結束。鄭文燦不是把公文帶回家，就是繼續約人談事情。林俞汝雖然擔心鄭文燦的身體健康，但也只能以燉雞湯為他進補的方式默默關心，「他是用生命在打拚。」

旁人看鄭文燦很累，他卻樂此不疲。「我很好睡，很少失眠。」他靦腆一笑，隨即又坦承，也曾一度覺得疲累，因為生活中完全沒有空檔與留

鄭文燦視察中壢區環中東路路平完工。

白，「我以前喜歡偷閒看雜書，什麼書都看，現在這個唯一的樂趣也被剝奪了。」他想了想：「從政忙碌是常態，忙碌中要有一種自在。」鄭文燦藉達賴喇嘛抒發心情的著作《流亡中的自在》自況，「人在壓力大的時候要保持心的平衡。」

鄭文燦韌性超級強大，就算身體不適，行程也照跑不誤。二〇一七年四月十九日早上，他赴立法院參加前瞻建設計畫公聽會，在場外遭反年金改革抗議民眾推擠衝撞，在受傷程度不明的狀況下，仍繼續跑行程，過了四天，直到二十四日實在疼痛難耐就醫，才知道原來有兩根肋骨被撞裂了。消息傳開反遭台北市議員質疑，肋骨骨折的鄭文燦，何以在二十二日參與公益活動時還能上台高歌？他逼不得已只能出示醫生證明自清。這種超乎常人想像的忍耐力，也許是從小吃苦養成的。

話說事發當天，鄭文燦回到市府後，幕僚紛紛前往探問，他只是輕描淡寫回答：「我不會叫，不代表我不會痛。」幕僚們感嘆：「老闆真的很奇怪，就像他的手機不能沒電、沒訊號一樣，永遠有電力，叫他休息很難。」

到國外出訪，鄭文燦照樣不放過自己，甚至還能接選民服務案，處理事情。二〇一六年六月出訪荷蘭，才剛下飛機，一位桃園鄉親在鄭文燦的臉書粉絲團留下訊息，說他的親人在荷蘭旅遊、開刀，可能要包機回台灣，鄭文燦二話不說，立刻轉給隨行的祕書處長，說：「你去處理、協助一下，那是我們的市民。」

二〇一七年七月出訪美國，十天行程扣除前後搭飛機時間，只剩下八天，一共排了四十個行程。「美國幅員遼闊，每一個行程距離都很遠。在台灣這樣，在國外也這樣，真的是很拚！」顏子傑說。

「天道酬勤，」沈發惠說，很少人能像鄭文燦這樣持之以恆地跑行程，從不倦怠。沈發惠認為，鄭文燦這樣親力親為，減少了層層上報的誤差，凡事他當場解決，效率甚高。「他在沒有資源時就很會做事，更何況現在手中有資源，可以有效解決問題。」

原鄉行程跑透透

鄭文燦勤跑基層，就連過去首長很少到訪、往來要三小時車程的復興區，鄭文燦都承諾一個月要去視察一次。實際上，他一個月經常要跑三、四趟。

二〇一七年九月十九日，鄭文燦這天的行程都在復興山區。早上七點半準時從官邸出發，鄭文燦的座車後方掛滿襯衫、西裝、客家衫、各原住民族圖騰的背心、領帶，還有球鞋、皮鞋，方便他參加各種場合時馬上更換。

這天他選擇一件泰雅族風格的原住民背心穿上，準備去視察復興區的溪口吊橋和羅浮溫泉區，緊接著再到巴陵，參加「巴陵綜合行政中心」新建工程的動土典禮。

「台灣原住民族共十六族，桃園全部都有，人口共計約七萬三千人，多數居住在都會區；復興區則是原漢混居的區域，該區人口約一萬兩千人，原住民有八千多人。」坐在車上，鄭文燦開始簡介桃園原住民的概況。

原住民族的轉型正義，鄭文燦這幾年執行得很到位。上任第一年就提出為原住民族正名單一窗口的便民政策，原住民族可以自己選擇名字的呈現方式，要用漢字、羅馬拼音或漢名與拼音並陳都尊重。單一窗口這個政策還能跨區服務，各縣市原住民族朋友都能來桃園正名，同步換發證件。

二〇一六年桃園市政府拍了兩部紀錄片，「泰雅先知——樂信．瓦旦」

與「失根的部落——興建石門水庫卡拉社部落的泰雅族人遷徙史」。二〇一七年八月一日，位於羅馬公路起點的「樂信．瓦旦紀念公園」重新整修竣工啟用；同時在大溪原住民族文化會館還有原住民族權利運動特展與原住民族抗爭音樂回顧。

原鄉有許多長期難解的難題，鄭文燦也一一想方設法解決。例如幅員遼闊、占地兩百一十平方公里的復興後山地區，一台提款機都沒有，鄭文燦協調復興區農會在華陵派出所和蘇樂辦事處各設置一台，裝設後使用率高於預期，光是二〇一六年，提款金額就高達一億五千萬元，存款金額也超過四千萬，實現了後山的金融正義。

長期以來，後山沒有加油站，因為不敷成本，鄭文燦找中油商討，無論如何一定要設立，解決家家戶戶都要留汽油桶的不便。中油表示沒有地，鄭文燦找了巴陵停車場，切割部分變更為加油站，取得用地後，加油站可望在二〇一九年開工。

復興區沒有自來水，「位處石門水庫所在地的復興區，是被限制的保護區，但喝不到自來水，現有五十餘個部落，都使用簡易自來水系統（山泉水）。」鄭文燦找來自來水公司協調，增設三個加壓站，把水打到羅浮。

復興區河流邊禁止砍伐，過去禁伐一公頃補償兩萬元，鄭文燦再加碼兩萬元。原住民有歸還原保地政策，有耕作事實五年以上的證明，就可以歸還土地，桃園兩萬多公頃的原保地已經歸還百分之六十。

此外，復興山區颱風來襲時常電力中斷，手機不通，與外界斷訊宛如孤島。鄭文燦找國家通訊傳播委員會協調電信業者，在原鄉設置十座設有不斷電系統的4G基地台，五家電信公司都進駐，保證能撐七天以上不斷訊。

「我們這邊沒有死角，很厲害！」復興區公所區長曾志湘說，上次去南部手機不通，「我跟他們說，我們復興區每個角落都有訊號。南部是平原，我們是山區喔！」

從正名、提款機、加油站、用水、還地到通訊，諸多便民的「正義」措施，讓鄭文燦在復興區的支持度大大提升。過去民進黨在原鄉只有三成的支持度，鄭文燦上任後，復興區的支持度已提升到七成以上，原鄉部落都相信鄭文燦會照顧原鄉。」

一行人九點準時抵達新溪口吊橋視察，這條串連角板山公園與溪口台地，號稱全台灣最長的吊床式吊橋，全長三百零三公尺，比屏東的山川琉璃吊橋和南投的天空之橋還要長。「台北有101，復興有303，」走過耗資六千萬打造、業已竣工的新溪口吊橋，鄭文燦宣布，還要再追加八千萬元建設步道和停車場，讓新溪口吊橋、小烏來和羅浮溫泉連成一氣，聯手聯營。

十點市長座車到達羅浮溫泉區，在這裡有十二項工程陸續要進行，包括「小米園區」、「羅浮旅客服務中心」、「溫泉一條街管線工程」、「羅浮汙水處理廠」、「溫泉足湯」……總經費高達三億五千萬元。

各單位報告完畢後，鄭文燦進一步補充說明，無須看稿，如數家珍：「羅浮溫泉是碳酸氫鈉泉，送驗已經達標，泉水溫度三十七度多，最適合泡湯，出水量一天一百一十噸不太夠，所以我們決定編列預算開第二口溫泉井，二號溫泉井出水量兩百噸。」「羅浮到小烏來之間要做兩條天空滑索，一條三百公尺、一條八百公尺，目前以BOT方式招商，將來這會成為一大亮點。」現場掌聲如雷。

十一點半，一行人又趕赴巴陵為「巴陵綜合行政中心」舉行開工動土典禮。

「後山是個美好的地方，但是交通相對而言比較不方便。我記得蘇迪樂和杜鵑颱風來襲時，我站在救災第一線，台七線中斷後，後山很容易形成孤島，因此我決定要扭轉局面，讓後山產生自己救災的力量。當時我考慮到後山有很多需求，決定整合在一起，興建巴陵綜合行政中心，包含消防隊、幼兒園、衛生室、市民活動中心、公路總局、遊客服務中心等，共六個單位與功能。更難得的是，採綠建築和智慧建築的方式建造。原來編列一億兩千萬，因考慮水土保持需求，又追加五千萬，總工程經費是一億七千萬。將來將架設無線電與救災指揮中心連結，萬一台七線中斷，『巴陵救災指揮中心』可以自主救災，這是全台灣第一個，也是我們對復興區居民安全、救災、防災的重要承諾，終於今天要動工了，工期四百五十天，預計二〇一八年十月完工。」一樣無須看稿，鄭文燦一氣呵成講完，台下巴陵地區的居民報以熱烈掌聲。

鄭文燦式的跑行程，是到每一個地方，不光只有露露臉、打打知名度，一定會傳達一些訊息，如將要進行什麼建設，發展什麼特色等，地方上只要看到市長來，就覺得帶來了希望。

「每一個看似簡單的行程，背後都有清楚的價值和概念，」鄭文燦說：「跟市民的互動，要形成一個又一個的概念，一個又一個的認同，讓他們知道市府正在努力的工作，工作的價值又在哪裡。」

接下來鄭文燦有吃不完的午餐，這裡擺一攤，那裡又設一宴，從餐廳、小吃店吃到民宅，鄭文燦所到之處都歡喜交陪，豪邁地吃、爽快地乾杯，作陪的區長、民代到里幹事，賓主盡歡。算了一下，他這一天一共吃了三次午餐。

回到市府已近黃昏，正是市府同仁下班時刻。市長鄭文燦在地下停車場換下跑一天下來濕了又乾的衣服，洗把臉，上樓「開始」上班。

報告市民頭家

二〇一七年十一月二日，一整個早上鄭文燦都在市議會接受市政總質詢。

會後鄭文燦在市議會餐廳簡單用餐後，立馬開始跑行程，參加桃園市商業會的商人節表揚。

一上台，照例先把台下的與會來賓先介紹一輪，也照例不用看稿就開講：「桃園的工業產值一向是全國第一，我們希望更多公司設立在桃園，能夠讓製造業和服務業同時發展，所以未來整體的交通，各項公共建設，要一一達標，讓桃園成為台北以外的另一個選項。」

桃園的生活品質會大幅提高。鄭文燦跟大家報告：「目前全台灣成長最快的就是桃園。我擔任市長三年，桃園人口增加十二萬人，全台第一；我們出生率也是全台灣第一名，每年出生人口從一萬七千人增加到兩萬三千人，連婦產科都不太夠，代表年輕家庭選擇來桃園，我們有人口紅利；大型企業投資桃園已經變成主流。現在工廠登記約一萬一千家，公司登記五萬多家，商業登記也有五萬多家，總共有十一萬多家。我跟經濟發展局說，要從對人民有利的方向來解釋法條，要用最快的速度，做一個服務型的政府，這是我們的工作重點。」又一次，他如數家珍地把桃園的狀況和市府未來工作的方向，鉅細靡遺地告訴所有市民。

這天鄭文燦顯得非常疲累，車程中訪談到一半就會睡著，厲害的是醒來又繼續講。行程中間稍有空檔，鄭文燦請記者回官邸泡茶休息一下，人才坐定，他就開始打瞌睡，睡到隨行祕書喚醒他，結果一口茶都沒喝，又起身趕往巨蛋參加桃園食安嘉年華開幕記者會。

桃園是食品工業重鎮，上中下游工廠共有一千四百家，食品工業產量占全國百分之六十。因此，在食安輔導和稽查兩方面都得特別用心。二〇一六年桃園拿到食藥署食品安全評鑑優等，獲得三千五百萬獎金。

「我們率先成立食安基金五千萬元，成立食品稽查大隊、法律顧問團和專家諮詢團，讓食品安全的專業性提高。也鼓勵員工檢舉，像二〇一七年的遠東油脂重大食安事件，就是由員工主動提報的。」鄭文燦說。

來不及逛一逛琳瑯滿目的食品嘉年華，鄭文燦又要趕回市府前廣場，為第十一屆心智障礙者親子運動大會傳遞聖火。三點半還有一場重頭戲——二〇一六年市政說明會。

這一場在三民運動公園天幕球場舉辦的市政說明會，座無虛席。除了里長、議員、立委之外，還有一千多位自動自發來的民眾。

「市民頭家大家好！」鄭文燦滿臉笑容地開場，整整一個小時，他從「迎接北北桃一小時軌道生活圈」的交通建設講起，育兒福利、前瞻基礎建設、航空城計畫、社會住宅、橋梁改建工程、老校舍更新、桃園火車站的都更規劃、埤塘景觀的綠美化、天幕球場、市民卡、老舊宿舍修復活化、路平計畫……鉅細靡遺，娓娓道來。

「這些事需要行政能力，也要預算、議會的支持，還有中央的協助，桃園才會脫胎換骨。我不敢說桃園會一天變好，但是每天都要進步，好不好？我不會變魔術，要讓桃園改變需要努力，要團隊打拚。希望桃園建設好一點、多一點、快一點。」一個小時，台下民眾聚精會神地聽市長報告，眼神閃耀著希望的光芒。

從政寂寞誰人知

接著鄭文燦要趕回市府處理公務，晚上八點再到市府前廣場參與「桃園最強」WE ARE總冠軍直播派對，與民眾一起迎接中華職棒Lamigo桃猿隊拿下職棒總冠軍的光榮時刻。「一定贏！」鄭文燦對這場比賽很有信心。

「從政要有一份熱情，要耐得住寂寞和壓力，也要耐得住煩。」鄭文燦突然有感而發。不禁好奇，前呼後擁、忙碌不堪的市長生活怎麼會寂寞呢？「有些問題必須要獨自去面對，壓力也要單獨去承擔。」看著桃園市景，鄭文燦眼神開始迷濛，很快又睡著了。

「市長，到了！」隨行祕書開口喚醒他，鄭文燦隨即精神一振，動手整理衣服，調整領帶，「好！」保母車門打開的那一剎那，面帶笑容的鄭文燦從容下車，儼然又是一尾活龍。

07

人才只有老中青，不分藍綠白

吸引全台好人才，打造建設大平台

桃園是六都中最年輕的城市，市民平均年齡三十八歲；四十八歲當選桃園市長的鄭文燦，也是六都中最年輕的市長。

鄭文燦，一路走來都是「英雄出少年」的典範，二十四歲那年便在野百合學運中嶄露頭角，三十歲當選縣議員。或許是自身的經驗，讓他敢於給年輕人機會，放眼鄭文燦的選舉團隊和市府幕僚群，清一色是剛出社會的七年級年輕戰將。

然而，執政不比打選戰，除了理念和創意外，還需要嫻熟的行政能力。組閣，是鄭文燦走馬上任面臨的第一項考驗。選前，多數人覺得鄭文燦選不上，當選了還是有人不看好，覺得沒有準備的他可能連小內閣都組不起來。

三年多來，鄭文燦的施政滿意度節節高昇，市府團隊的人事也相當穩固，說明鄭文燦的人事布局成功，「我組閣組得相當快速而且有亮點！」他不禁得意地說。

成功組閣的背後，看得到鄭文燦「不分藍綠、只問能力」的用人哲學。

新手上任，漂亮組閣

二〇一四年十二月二十五日，鄭文燦從時任內政部長陳威仁手上接下桃園市第一屆直轄市長的當選證書。典禮當天，二十八位局處首長，加上三家公司的董事長，全數到位。更讓人眼睛一亮的是，民進黨主席蔡英文蒞臨觀禮。

鄭文燦在就任前兩天親自去邀請蔡英文主席，蔡英文說：「過幾天你就要當市長了，感覺還跟做夢一樣！」她表示，鄭文燦的當選讓人覺得：打拚的人終究會獲得肯定！的確，他蹲點桃園四年九個月打下來的成績，特別珍貴。

「蔡英文主席全國只到桃園參加我這一場就職典禮，代表她對這場選舉的肯定，與對我擔任市長的期待。」鄭文燦說。

鄭文燦帶領各局處風光走馬上任前，經歷了一段風風火火、不為人知的獵才考驗。從十一月二十九日當選到十二月二十五日就任，不到一個月的時間，要物色與延攬二十八位局處首長，加上果菜公司、航空城公司和捷運公司三位董事長，鄭文燦的壓力很大，企圖更是大。「我要讓第一次推出來的團隊就展現出不一樣的風格，」鄭文燦強調：「對我來講，輪替就是要帶來改變，團隊就是要跟過去不一樣！」

鄭文燦要的是一個會做事的團隊，他延攬人才，廣邀各界優秀人士在市府發揮所長；更難得的是，在他初上任市長時，市府當時共二十八位局處首長，其中就有七位是女性，是六都中唯一達到四分之一比例的直轄市。鄭文燦還調整了組織架構，在一級單位增設青年事務局和體育局，二級單位增設住宅發展處、就業服務處、勞動檢查處、新工處、養工處等近十個單位。

借將兼挖角

「我組閣不分藍綠、只問能力，」鄭文燦表示，自己長期擔任幕僚，看人的角度有所不同，身邊固然用很多年輕幕僚，但局處首長以行政幹才為優先。

鄭文燦依憑他的政界與地方人脈，以及長期擔任幕僚培養的識人能力，組織他的夢幻團隊。不論是借將、挖角、引薦還是留任，都有他的道理。鄭文燦對旗下首長如數家珍，什麼學校畢業？有什麼專長？擔任過哪些職務？有哪些傑出表現？他摸得一清二楚。

「我第一個處理的，是祕書長游建華（現為副市長），」鄭文燦指出，自己擔任桃園縣議員時，游建華在縣長呂秀蓮麾下擔任建設局長、交通局長，期間還到中央擔任高鐵局副局長；許明財擔任新竹市長時，延攬他擔任副市長。「因為他是蘆竹人，對桃園非常瞭解，我邀請他回來擔任祕書長，協助組閣。」

「副市長邱太三是跟小英主席借來的，」鄭文燦表示，邱太三曾擔任高雄市副市長、台中縣副縣長、立委、國代等職，後來擔任民進黨主席蔡英文的副祕書長，資歷豐富，為人正直圓融，是副市長的最佳人選。

另一位副市長王明德是大園人，美國麻省理工學院博士，台大土木系教授，在呂秀蓮縣長時代擔任過工務局長、副縣長，又有營建研究院院長的資歷，「我延攬他來擔任副市長，負責督導工程。」

有趣的是，前後兩任工務局長，都是鄭文燦從台北市挖角來的。拱祥生是台科大的營建博士，原是《技師報》的社長，土木技師工會的重要幹部，算是工程界的改革派。

第二任工務局長黃治峯，原任台北市工務局副局長，鄭文燦看柯文哲上任第一年的兩大政績，一是拆除忠孝西路公車專用道，二是拆除忠孝橋引橋，都是黃治峯副局長任內督導的工程。「我覺得做得很不錯，效率很好，我一打聽，平鎮人，就開始動用關係遊說他，讓他回來升局長。」

水務局長劉振宇原是台大環工系主任，被胡志強延攬去台中市當水利局長，鄭文燦看台中下水道工程及河川整治做得不錯，就自己打電話找他，「他只開一個條件，讓他回台大辦退休，我說好，可以等你三個月。」

留任元老

鄭文燦主動留任了三位前縣長吳志揚時代的首長——財政局長歐美鐶、警察局長黎文明、交通局長高邦基。

鄭文燦說明，歐美鐶是資深的五朝元老；從他擔任縣議員時代就認識，歐美鐶對於桃園財政狀況瞭解非常透徹，也是桃園負債不多的功臣。警察局長則是居於政治中立原則，不需要換市長就要換警察局長。「而且黎文明律己甚嚴，為人正直。」鄭文燦說。高邦基留任交通局長，考慮的是要穩健推動交通工程，「我跟他沒有淵源，看他在議會講話像大砲，一來一往，很有膽識。」鄭文燦表示，高邦基年紀較長，兩年後才換劉慶豐。「劉慶豐原是鐵改局的總工程司，我拉他來推動鐵路地下化。」

也有各界推薦的正派幹才人士，像地政局長陳錫禎，是前台北市政府地政局長，地政界資深人士一致推薦；環保局長沈志修，原來是環保署的中部環境稽查大隊大隊長，環保署的人都說他很正派。

學者轉任的首長不多，觀光旅遊局長楊勝評，擔任過開南大學觀光系主任、主任祕書，行政經驗突出；教育局長高安邦則是另一個讓人驚訝的亮點。

高安邦原來是政治大學社會科學院院長，後來到開南大學擔任校長，在開南改組前離開，鄭文燦就延攬他來當教育局長。「其實我自己心裡都覺得，大學校長怎麼可能來當教育局長，而且他還是經濟學教授，」鄭文燦說，一開始高安邦的答覆是：「你看像嗎？」鄭文燦說：「國中、高中你都沒有接觸過，要不要來挑戰一下？」「其實他考慮蠻久的，最後他才答應來試試看！」

「人事不可能一成不變，」但是要讓人才在位置上一定的時間，才能看到效果。鄭文燦表示，桃園市政府的政務官，比起其他縣市，桃園相對穩定。

初生之犢不畏虎

令人刮目相看的，還有鄭文燦身邊的幕僚團隊。這一批陪他打選戰的幕僚，大多三十歲上下，有幾位擔任過立法委員或市議員助理，也有研究所剛畢業或剛當完兵的初生之犢。

市長辦公室副主任施彥廷才從台大政治研究所畢業，擔任鄭文燦的幕僚是他的第一份工作。「市長之所以願意給我機會，是因為他很年輕就在很重要的位置上，因此不會覺得年輕人就一定差，反而覺得年輕人有優秀的地方，」施彥廷說，那時自己剛出社會，應對進退還有很多要學的地方，在這個職位上，可以接觸各式各樣的人和事，有很多學習機會。

面對四、五十歲，年齡足以當他爸爸、媽媽的主祕、科長，施彥廷剛開始也有壓力，「公務機關是一個講倫理的地方，他們對我都很客氣，因為我某個程度算是他們的長官，一開始不習慣，不過久了之後就習慣了，也從公務員身上學到很多。」施彥廷說，年輕的優勢是有問題可以大方問，不必不好意思，當然也有容易被看輕的壞處，自己必須要更認真做功課。

卓家羽負責撰寫文稿，「有些人的演講稿是需要逐字寫的，但市長他喜歡即興發揮，」卓家羽說，不需要幫鄭文燦寫漂亮詞彙，只要給他資訊就行。鄭文燦覺得文膽不能整天坐在辦公室裡，寫出來的東西不會完整，詞句也不夠有人味，所以文稿組的幕僚也要起而行，每天起碼要跟著他跑

一、兩個行程，瞭解他講話的語氣與方式。幸好幕僚們年輕耐操，「市長是『超人』，操死別人，」祕書徐芳玉開玩笑說。

這一批幕僚除了年輕有衝勁，與桃園本地的關係比較沒那麼緊密，包袱小、更無爭。「市長把我們的工作原則講得很清楚，祕書就是祕書，祕書不能代表市長決策，」隨行祕書曾友嶸表示，祕書絕對不能去第一線決定爭議的事情，頂多做建議。「幕僚越界，這是紅線。」

選戰團隊中最早擔任一級主管的，是七年級生的新聞處處長張惇涵。「張惇涵擔任過民進黨發言人，有實務經驗。」鄭文燦說。

張惇涵自己則覺得意外。「他找我當新聞處長我其實有點訝異，也有點不好意思，」張惇涵表示，也許有人會認為這是論功行賞，但大家都知道，鄭文燦對新聞與文宣業務非常熟悉，要挑選這個人選考慮必然很多。「對我來說，是歷練，也是很大的機會，很多人一輩子沒有辦法做到十三職等政務官，有這個機會，當然要努力付出。」張惇涵說。

鄭文燦在上任前就對張惇涵耳提面命：「你要知道，過去在民進黨中央執政時我也是政務官，知道那種人民對政權失望後，可能不知道什麼時候才爬得起來、再度贏得人家的信任的感覺。現在人家信任你，你要知道執政就是每天戰鬥，沒有一秒鐘可以鬆懈。」

張惇涵這個新聞處長，確實一點也不輕鬆。他說，鄭文燦在擔任行政院新聞局長時，前一天就知道隔天新聞要寫什麼。他這樣要求自己，也這樣要求他的新聞處長。有一次負面新聞見報，鄭文燦罕見地說重話：「惇涵，不要只是回應媒體，要引導議題。如果政務官很快樂，市民就不會快樂。」

經過社會局專門委員、主祕的歷練後，二〇一六年八月，王安邦升任勞動局長，帶領四百多位公務員執掌勞政事務。他指出，桃園工廠多、製造業多、移工人數也是全國最多，因此勞資爭議也多。對擔任政治幕僚多年、沒有行政機關經歷的王安邦來說，挑戰是要在公部門框架中推動工作。「市府同仁說我是『野生的』，公務人員習慣遵循法規、制度，對我來說，只要法律沒有明令禁止，我就會思考對人民有利的方向！」王安邦笑說，雖然有和制度磨合的過程，但還是帶來了一些改變。

顏子傑升任祕書處長後，負責機要業務，包括城市外交、公文發送、公務車管理及周邊環境維護等，事務繁雜。

「我們對自己的要求很高，盡量做到不讓市長煩惱。」顏子傑說，勝選至今幕僚都沒有好好休息過。「大家都知道過程很辛苦，得來也不是那麼容易，得到之後要好好珍惜。做的每件事情，要對得起過去的辛苦。」年紀輕輕的顏子傑，效法鄭文燦的打拚精神，就連身材都向他看齊，「我三年多來胖了十公斤，因為沒有一餐正常吃飯。」

顏蔚慈經歷過祕書處機要專員、觀光旅遊局、經濟發展局等歷練後，二〇一八年二月接任青年事務局局長。即便只有三十出頭，顏蔚慈對於執掌的業務充滿信心，「工作感到疲乏時，只要回想勝選之夜的感動與震撼，就會又充滿能量。」她說。

桃園市政瞬間「轉大人」

漂亮組閣，人員就定位，只是開始，接下來執政的挑戰，其實才是更艱難的硬仗。「一般人可能很難瞭解，市長上任時處境是很艱辛的，」張惇涵透露，轉換的過程其實有點像「轉大人」，蠻痛苦的。

首先，桃園不像已經飽和的雙北市，還有很大的發展空間；其次，從縣升格為直轄市，鄭文燦在就任的瞬間就必須整合很多事情，例如鄉鎮市公所要轉成區公所；很多不一致的社會福利要調整為一致；升格後，有些法規要修，有些要廢止；人事、財務、政策，都要在很短的時間內決定。

其中最重大的挑戰，莫過於要在三十八天內重編一本預算。「因為《地方制度法》有規定，升格之後的預算必須要在隔年一月三十一日前提交市議會，那過程很辛苦，沒辦法摸索，就要立刻上手。」

除了改弦更張的千頭萬緒外，從百分之五十民意基礎開始的鄭文燦，初期推動政策總被制肘。例如推YouBike，就很多人質疑：桃園長期以來路幅這麼小，很多地方連人行道都沒有，怎麼騎？沒想到上路後，中壢火車站前已成為全台灣YouBike周轉率最高的熱點，市民的滿意度也很高。

鄭文燦用人得宜，各局處首長也都賣力相挺。很多人問鄭文燦，怎麼有那麼多時間在外面跑？「其實我只要抓兩點就好，預算我要了解、計畫內容要了解，然後就是授權，第二次檢查進度就好。」對鄭文燦來說，「要用整個市府的力量來做事，市長主要做的還是決策，要抓到職權核心。」

「市長最讓我佩服的是，他吸收資訊快又多，視野夠寬；幕僚性格讓他相對體貼，」王安邦表示，鄭文燦一上任就推動三大福利政策，是最顯而易見的體貼表現。

打著六都最年輕市長的招牌，鄭文燦初上任時，市府三千多名公務人員睜大眼睛觀望，這位充滿新的價值、信念的市長，要帶領大家去哪裡？

二〇一七年十二月二十五日，就職滿三週年，鄭文燦臉書上洋洋灑灑的施政報告、民調高達百分之七十六的施政滿意度，已回答了所有的疑問。

08

一起創業，一起打拚吧

讓青年發揮，成為活力源頭

「桃園，不只是台灣的第一站，也是年輕人的第一站。」這是桃園市長鄭文燦對青年的許諾。二〇一四年競選市長時，鄭文燦與青年在綠光花園召開座談會，提出他將來計劃籌設專責青年事務一級機關「青年事務局」的構想，當時在座的國際青年商會總會長陳家濬深受感動，「可能是大環境改變，太陽花學運爆發，他希望給年輕人更多助力、更大的幫忙。」

二〇一五年四月一日，這個構想變成事實，領全國之先、桃園首創的

「青年事務局」正式掛牌營運。

青年事務局的困難任務

崩世代（貧窮化、少子化）也好，草莓族（抗壓性低）、柳丁族（被壓榨）也罷，現代青年處境愈來愈艱難已是不爭的事實。

然而，二〇一四年中央政府組織改造時，卻把原是一級機關的青輔會降編為教育部的青年發展局，將協助青年創新、創業部分的業務，移轉到中小企業處。鄭文燦於是決定要逆向操作，在桃園市政府成立專責青年事務的一級單位「青年事務局」，誓言要打造桃園成為扶持青年的「第一哩路」。

鄭文燦找來陳家濬擔任青年事務局首任局長，站在「青年挺青年」的角度，從事青年服務工作。「我們是全台灣第一個消費者導向的局處，也就是：年輕人在哪裡，我們就到哪裡服務。」陳家濬說。

青年事務局服務十五歲至四十歲的年輕人，對象包括桃園三十八所高中職、十七所大專院校、社會青年及團體，甚至包括離開桃園的桃園子弟。「我們全台灣巡迴，還陪市長去勞軍，讓更多人知道青年事務局，」陳家濬表示，因為是全台灣首創，要先從打響知名度開始，「要先知道你，才會使用你。」為了打知名度，與青年搏感情，青年事務局更舉辦許多活動，鄭文燦都熱情參與，不計形象與青年人打成一片。

二〇一六年寶可夢盛行，青年事務局迎合年輕人的喜好，選在中正公園的桐花廣場、三民公園的天幕球場兩個抓寶聖地，舉辦兩場「抓寶音樂會」。現場有在地青年的音樂表演，還請來抓寶達人教大家如何抓寶，抓累了，請大家休息，跳跳健康操。鄭文燦罕見地帶兒子出席活動，還親自在台上努力抓寶，青年事務局以實境相連的方式，把鄭文燦的手機和後面

鄭文燦與年輕人面對面，談市政、玩自拍。

螢幕結合，秀出他的抓寶過程，「還好有抓到寶，沒漏氣。」

青年創業All in one

陪伴只是開始，如何助青年一臂之力才是重點。現任青年事務局長顏蔚慈表示，協助青年創業是青年事務局的重點工作。青年事務局設立三個青創中心：青創指揮部、安東青創基地、新明青創基地。三個青創基地都是舊有建物改建後，活化再利用，並且各自有發展主軸，包括物聯網、虛擬實境、人工智慧及機器人。從提供創業空間、設備，到業師輔導、資金連結等，全方面陪伴青年創業的第一哩路。

另外，桃園市政府與中央政府合作，還要設置三個大型的新創基地：「虎頭山物聯網創新基地」、「亞洲．矽谷創新人才交流中心」及「楊梅幼獅國際青年創業村」，計劃吸引更多年輕人團隊到桃園來創業。

位於青年事務局本部三樓的母基地「青創指揮部」，在青年事務局成立將屆滿週年的二〇一六年三月十三日首先掛牌營運。

青創指揮部是桃園第一個結合「共同工作空間」與「創客空間」的青年創業基地，有四間獨立的新創辦公室、一個可容納一百人的共同工作空間、可容納十二人的會議室、提供音響及投影設備的教室，以及3D列印、雷射切割設備完善的工作室。

除了硬體設備外，青創指揮部還積極從事創業輔導諮詢、引進媒合各種資源。「重點是在營造生態圈，讓新創的年輕人能在這裡得到幫忙與協助，為他們未來的人生奠下美好的基礎。」不僅有來自日本、韓國、大陸、香港、澳門、法國、德國等國際人士來這裡參訪，歸國台商及台商會二代也都與青創指揮部有連結，國內外資源豐沛，可為青年創造許多商機。

目前在青創指揮部接受扶植的新創團隊，有十八家。參訪當天，其中一家互動創新公司正在舉辦發表會，共同創辦人張中星與錢文正，花了一年時間研發出來的可攜式「Luft空氣淨化器」正式亮相。外觀、大小如同可樂瓶的空氣淨化器，不僅輕便可愛，而且只要連上USB線就可隨時隨地使用。或許是細懸浮微粒（PM2.5）危害日益嚴重，空氣品質成為關注的議題，青年事務局協助該產品在「嘖嘖群眾集資平台」上架四十五天，就募集到新台幣六百萬元的資金。

二〇一七年獲得市長鄭文燦頒獎表揚的，是在同年九月通過櫃買中心審查，成功登錄創櫃版的位佳多媒體公司，及在同年八月的「第二屆海峽兩岸青年創客大賽」奪得「普頌德科獎」的航見科技公司。

位佳多媒體公司主要從事古典電影及早期影像資料修復，轉成藍光光碟出版。航見科技公司則以推廣無人機自造課程為基礎，搭配銷售在台灣生產的零組件，課程從小學、國中、高中職、大專到社會人士都齊備，且除了台灣外，還在海外新加坡、日本、上海、廣州等地開課。

航見科技執行長張東琳目前仍是中央大學動力機械研究所的在學生。二〇一五年，他以無人機系統整合應用的研發為導向，創立航見科技，創業半年後進駐青創指揮部。張東琳表示，青創指揮部提供行銷、財會等課程與輔導，進駐後幾個月公司就損益兩平，二〇一七年度的營業額已破千萬。

二〇一七年十一月十四日，第二處「安東青年創業基地」也正式啟動，這是連結「亞洲·矽谷計畫」的第一個青創基地。桃園市政府在二〇一七年九月與台灣微軟公司簽署合作備忘錄，由微軟公司提供平台，發展擴增實境（AR）、虛擬實境（VR）、混合實境（MR）等相關技術。青年事務局在四十組報名團隊中，遴選出八隊進駐該基地，後續發展值得期待。

新明青創基地，由新明市場的閒置空間改造，二〇一八年七月已經啟用。

二〇一八年七月九日，第三處「新明青年創業基地」啟用，讓三個青創基地鏈結起新創網絡。新明青創基地位在中壢區第二公有零售市場四、五樓，原來是市場的閒置空間，經過結構補強、裝修後改變使用型態，遴選出十二組創業團隊進駐。

舞動青年，舞動桃園

青年事務局積極培育青年參與公共事務。公共參與有志工參與、社會參與、政策參與等三大面向，青年事務局鼓勵青年運用創意和活力，將所學付諸行動，擴大影響力。

在青年的多元文化方面，青年事務局為鼓勵青年從事國際交流與體驗學習，補助青年到國外參加會議或競技。二〇一七年十一月，就讀桃園啟英高中三年級的林展佑、饒善閔、林鈺騏，以全國高中組第三名的成績，獲得挺進哥斯大黎加參與「WRO國際奧林匹亞機器人大賽」的機會，最後抱回第四名佳績。最令他們開心的是，此行桃園市青年事務局不僅補助每人五萬五千元的旅費，鄭文燦在行前還親自授旗，讓他們倍感榮耀。「其他縣市的選手都沒有，他們羨慕得不得了！」林展佑笑得合不攏嘴。

此外，青年事務局籌辦的「跨域學習計畫」，則利用公部門既有的預算聘請業界教師，精進學校社團的才藝。「一區一舞台」，則是在各行政區架設表演舞台，讓年輕人有表演的場域，提高能見度。青年事務局每年都會辦競賽，特別的是，二〇一七年還和鳳凰藝能合作，得獎者可以去當藝人，給年輕人一個表現的舞台。

全台各縣市首創的「青年事務局」，自成立以來，從無到有，過程有如摸著石頭過河。青年事務局一貫的宗旨是「陪伴」而不是「掌握」，目的是要讓年輕人在成長中探索、學習。鄭文燦給予青年事務局很大的發揮空間，青年事務局在協助年輕人時，也會提供專業導師指導，讓他們自由發揮。

如今，青年事務局已成立滿三年，起初甫創立的未知，在鄭文燦與同仁的努力之下，逐漸有了雛型。接下來，青年事務局還會持續帶給年輕人更多力量，與他們一起追求夢想。

二〇一七年九月初，線上影音平台youtube上有一支長達四分三十三秒，名為「街舞青年！舞動桃園！」的街舞影片，吸引許多人觀賞，影片轟動到連日本雜誌都在討論。這支由桃園十五所高中、二十二個街舞社團大串連，台灣街舞藝術協會指導拍攝的影片，市長鄭文燦也在影片最後尬一角，假扮攝影師，最後擺了一個超夯的ending pose，帥氣地說：「沒問題！」一如他在桃園為青年鋪設的第一哩路。

09

市長給你靠

幸福，必須要做到「有感」才行

施政有沒有感？數字會說話。鄭文燦上任以來，其施政滿意度從一開始的六都之末，一路爬升到六都之首，繼驚訝聲中當選後，有感施政，再創驚奇。

回顧二〇一五年就任三個月時，媒體所做的調查，鄭文燦的施政滿意度尚不及四成，在六都之中敬陪末座。孰料，他的施政力與競選力一樣，都屬後市看漲。新台灣國策智庫二〇一七年十二月中公布的「六都市長就任三週年施政滿意度」調查，鄭文燦的滿意度高達百分之七十五點九，更漂亮的是不滿意度僅百分之十三點一。相較於二〇一六年百分之六十一點七的滿意度，不但大幅成長，還一舉擠下蟬聯多年的高雄市市長陳菊，躍居六都之冠。

就連二〇一八年五月的《遠見》雜誌「縣市長施政滿意度大調查」，鄭文燦也以蟬聯五星首長的傲人成績，勇奪六都首長個人施政滿意度調查的第一名，滿意度高達百分之七十七點九。

「這種成績在北台灣是很不容易的，」新北市議會副議長陳文治說，在都市化程度愈高的地方，對首長的期待愈高，鄭文燦的施政滿意度能超越綠遠大於藍的南台灣，從剛過半一路攀升到七、八成，是非常難得的好成績。

收到這麼好的成績單，鄭文燦只是低調地說：「這代表我施政的方向受到市民的肯定！」

最高福利規格，打造幸福城市

事實上，鄭文燦上任以來，已經有許多人用「雙腳」表達了肯定。根據內政部近三年人口遷移統計，桃園近三年淨移入九萬五千人，全台第一；出生率全台第一，從每年一萬七千人增加到兩萬三千人；人口成長率百分之五點四八為全台第一；就連公司登記總家數成長率和商業登記總家數成長率，也都居六都之冠。

桃園究竟有什麼改變？哪裡進步了？除了數字顯示的人氣之外，滿街趴趴走的小黃司機表達最直接。「我們市長去立法院爭取預算，被撞斷肋骨還繼續上班，真的很認真！可能他是『小胖』比較耐撞……」「這條馬路在挖下水道，交通比較亂一點，但這應該要做的，沒有司機會抱怨！」「我們桃園有在進步，福利愈來愈好，生小孩全台灣領最多補助！」

沒錯，用心做的，市民都能感受，研考會主委詹賀舜表示，根據研考會所做的民調，桃園市民最在乎、最有感的莫過於福利政策。

鄭文燦上任之後，二話不說，立刻兌現他在競選時開出的社會福利支票。因桃園升格直轄市之故，不適用縣府時期編列的預算，換句話說，市府團隊必須在就任後第一個月，立刻著手編列預算，送交市議會審議。「我把生育補助、育兒津貼、老人健保補助、社會住宅……選舉時的政見幾乎都加進來了。」

「建立更公平與正義的社會，是我的目標與夢想，」鄭文燦在社會局於二〇一五年三月發行的社會福利季刊《社福桃花園》創刊號寫下的一段文字，就是他打造桃園成為「社福桃花源」的理念——「政府的存在，不是為了照顧既有的資本利得者，而是透過重新分配的方式，讓貧窮的人可以獲得協助，讓有需要的人可以獲得滿足。」

在這樣的理念下，從嬰兒到老人，從年輕人到弱勢族群，幸福的桃園市民享有最高規格的社會福利。

育兒333

為了打造桃園成為宜居的幸福城市，鄭文燦開出的「有感支票」，包括要蓋十座運動中心、五座體育園區外；全市十三個行政區，一區一親子館、一區一公托中心、一區一日照中心、一區一家庭服務中心；另外還要設立兩百一十個社區照顧關懷據點。在各區公托中心陸續成立的同時，二〇一七年再推定四十一所公立及非營利幼兒園的設立，大步朝托育公共化的目標前進。

對於年輕人的扶助，鄭文燦特別用心。「我們要讓年輕人甜蜜多一點、負擔少一點，」鄭文燦說，為了讓年輕人落腳桃園，勇於成家、立業、生小孩，政府必須要幫他們一把。

鄭文燦為市民簽金鏟，代表著懷孕求子。

確實，台灣近年面臨「少子化」的嚴峻考驗，不婚、不育的人口愈來愈多，桃園出生人口能逆勢成長，減輕年輕父母生兒育女負擔的「333政策」發揮不少助力。

所謂「333」政策，意即：只要父母的一方在桃園設籍滿一年，每生育一胎，即發給「生育津貼」三萬元，三歲以下幼兒，市府每月還補助「奶粉錢」三千元。有意思的是，多胞胎還「加碼」發放，雙胞胎每名新生兒發放三萬五千元；三胞胎以上，每名新生兒發放四萬五千元。二〇一六年五月十六日，鄭文燦就親自帶著十三萬五千元的生育津貼，登門祝賀「333」政策實施後，桃園的第一例三胞胎家庭。

三胞胎畢竟只是特例，受惠家庭仍以一胎居多。根據社會局統計，二〇一七年四月至七月底，桃園市府共核定七〇四五名新生兒，發放的生育津貼達兩億一千兩百五十六萬五千元；家有三歲以下兒童的家庭為數更多，二〇一七年四月至七月底，共核定二十三萬九千零四十七名兒童，發放的育兒津貼達七億一千七百一十四萬一千元。

除此之外，桃園還有所謂「托育雙寶」，即「托育補助」與「育兒津貼」。凡家中有未滿兩歲幼兒，若父母皆就業，將幼兒送托合格保母，市府補助托育費用每月兩千至五千元不等；若父母未就業，在家照顧幼兒，則補助父母每月兩千五百元至五千元不等。根據社會局的統計，符合請領托育補助條件的父母，約有五千多人，可申領育兒津貼的父母約一萬六千多人。少子化危機已經是國安問題，鄭文燦很早就注意到，讓桃園的年輕夫妻「敢生」。

桃園育兒政策的成功，讓年輕家庭甜蜜多一點、負擔少一點，每年新生兒從升格前一萬七千人，增加為兩萬三千人。二〇一八年八月起，行政院實施擴大育兒及托育政策，相信桃園的經驗，也是促成行政院推出托育政策的重要原因。

護老長照有一套

桃園市推出「醫療小管家」，結合醫院、診所與社區藥局，為六十五歲以上的獨居老人、慢性病患者提供二十四小時緊急諮詢專線、慢性病照護，以及健康促進諮詢等服務。

桃園市與中央的「長照十年二．〇計畫」對接，積極推動「一區一日照中心」，廣設關懷據點，目前已有十家日照中心，及兩百一十個社區關懷據點。二〇一六年十二月起，開辦「社區整體照顧模式計畫」，結合日照中心、仁愛之家以及社區據點，建構起完整且連續的長期照顧服務網，讓失能的長輩可在住家三十分鐘車程內接受各項服務，為推動長照二．〇奠下基礎。

生理上的照顧之外，精神上的照顧也沒有少。鄭文燦表示，九成的長輩都是健康的，雖然多少有高血壓、糖尿病等慢性疾病，但依然能過健康的生活。因此，要鼓勵老人家多出來趴趴走，參與活動。

社會局發放的「愛心敬老卡」，每月有八百點（復興區為一千點），讓老人家可以免費搭乘交通工具，四處參加活動。「今年開始，機場捷運線也可以用愛心敬老卡。」鄭文燦再度加碼給老人家方便。

桃園市重陽節的活動，每年從九月、十月，一路辦到十一月，活動內容從歌唱比賽、槌球比賽、說故事比賽、繪本比賽、料理比賽，到滑手機比賽（製圖）都有，可以說五花八門，應有盡有。「讓老人家生活得有尊嚴、有健康、沒煩惱、沒負擔，是社會進步的表現，」鄭文燦說。

早在二十五、六年前，鄭文燦還是台大社會學研究所學生，到澎湖協助高植澎競選縣長時，他就曾參與全台灣第一個老人年金制度的設計。如今自己擔任一市之長，他對於老人家的疼惜，更是有增無減。

10 多元文化是一種生活，不是口號

讓文化超越政治

族群多元，節慶自然也就五花八門，熱鬧不斷。龍潭大池划龍舟、大溪社頭遶境、竹林山寺觀音媽過頭，都是桃園具有一、兩百年歷史的活動，鄭文燦上任後，除了以創新的方式延續各種地方上歷史悠久的節慶活動，還進一步爭取與發展具有地方特色，讓社區民眾參與的大型活動，使桃園一整年亮點不斷，吸睛也吸金。

創造成功機會：台灣燈會在桃園

說到節慶，不能不提「二〇一六台灣燈會在桃園」的盛大與成功。如今回顧，這確實是一個冒險，卻極具遠見的決定。

二〇一四年底才剛上任，二〇一五年一月鄭文燦就決定要爭取舉辦二〇一六年台灣燈會，「我聽說交通部觀光局要辦台灣燈會，沒有縣市表態，我們立刻決定去爭取。」

「我們」，其實是鄭文燦一個人的意志與決心。

「辦！」鄭文燦一聲令下，因為他知道台灣燈會是台灣具有歷史性、唯一對世界行銷的大型展演活動，也是讓桃園曝光的最好機會，於是他請副市長邱太三親自督導，並領軍去向交通部簡報。

打敗另外兩個縣市，如願拿到二〇一六年台灣燈會主辦權後，觀光局提醒：「爭取到，高興一天，辛苦一年。」這是方上任的桃園市府團隊，

鄭文燦參加大溪永昌宮神農大帝聖誕。

第一次大練兵的機會。

「全市府總動員，三十個局處無一置身事外，每一局處都要負責一項工作，」觀光旅遊局長楊勝評表示，鄭文燦非常重視，指派副市長擔任召集人，隨時向他回報進度。

燈會主題必須展現桃園特色，「桃園特色為何？」這是大家苦思的難題，鄭文燦在規劃會議中清楚地定調兩大主軸：一，多元文化；二，科技夢想。「立刻與其他元素單一的台灣燈會做出區別。」楊勝評說。

二〇一六年台灣燈會非常多創舉，都有鄭文燦的意見和影子。首先，展區從高鐵桃園站到青塘園，綿延兩公里，面積達三十二公頃；名為「齊天創鴻運」的主燈高達二十六公尺，都是前所未見的大規模。首創兩個展區雙主燈秀，在青塘園埤塘區，由文化局主責，打造了一個水上劇場；還引進國外燈節理念，把桃園大溪老街牌樓、桃園的稻穗、小烏來天空步道等地景，做成廊道。

廣邀國際友好城市參與，也是鄭文燦的決定。光是日本就有成田、千葉、三原、香川、北海道、名古屋、三重縣等七個縣市應邀來台參展。其中日本國寶級的百年山車「仲之町山車」，還是第一次出國展出，日本成田市長小泉一成、成田市仲之町區長京須豊也來台親自帶隊踩街。

會場中還處處可見貼心的服務，如醫護站、哺乳室、巡迴兩大區間接駁的遊園燈車……最令楊勝評銘記在心的是，燈會初期下雨，鄭文燦第一天傍晚看到民眾冒雨排隊領提燈，立刻交代第二天就要搭設帳棚，楊勝評提出多給一天調帳棚時間，立刻被鄭文燦打槍：「你乾脆等結束之後再弄好了！」楊勝評一聽，緊張得半死，立刻出動四處調帳棚，「市長很在意，看不得民眾受苦，一天都不能忍受！」

最大的挑戰是交通。雖然大園空軍基地可停放一萬輛車，但必須協調接駁車往來接駁。沒想到的是，二二八當天爆出單日數百萬人次的大量，原來假日到晚上十點半結束的燈會，鄭文燦下令延長到晚上十二點，但事實上，人潮多到疏散完已經半夜兩點半。楊勝評說：「負責接駁的首都客運一點已經下班走人，我們緊急協調桃園客運免費送遊客回台北。」

讓桃園被看見：沒有雲霄飛車的迪士尼樂園

二〇一六台灣燈會，在有驚無險的狀態下圓滿結束，就連初期不佳的天候，都在鄭文燦誠心誠意地祝願下好轉，「市長說，放心，從初一到初五，我每天拜十家廟，總共拜了五十家，不會有問題的！」楊勝評笑說：「事後回想，還真的有點幸運。」

楊勝評事後回顧，鄭文燦要大家共同參與才是台灣燈會成功的關鍵因素。除了市府總動員，在地居民投入擔任環保志工，讓垃圾完全不落地；

產業的熱情贊助也至關重要。「總預算五億經費中，其中一億來自企業的贊助，因為我們的態度開放，企業進來做燈可以掛名，可以捐物資（水、衛生紙），也可以指定用途捐款。」

「心態對了，一切就對了，」楊勝評說，鄭文燦能看到願景，並開放讓大家進來參與，正確的決策與態度，造就了成功的二〇一六台灣燈會。

二月二十二日至三月六日，為期十四天的二〇一六台灣燈會，成功吸引超過千萬人潮，為桃園帶來一百五十億元的消費效益，創下展區最大、主燈最高、人數最多、燈組最多等二十一項第一的紀錄。根據現場所做的滿意度調查，滿意及非常滿意共計達百分之九十七。

這場以科技產業夢想與多元文化魅力為雙主軸的燈會，讓桃園大大的露臉，國外有媒體以「沒有雲霄飛車的迪士尼」來比喻台灣燈會。更重要的是，也成功點亮桃園人對未來的夢想和光榮感。

自己是中壢人的祕書張惟翔，因北上台北念書之故，之前對桃園沒什麼認同感，娛樂、購物、看電影，都習慣往台北跑，「因為桃園除了機場外，沒有什麼特別的地方。」張惟翔說，第一次讓他感覺桃園的名字跳了出來，就是二〇一六台灣燈會。「我身旁的朋友都去看了！」

這也是市府團隊第一次全體總動員，燈會前到燈會期間，不停開會，應付各式各樣層出不窮的問題，培養了堅定的革命情感。「辦完台灣燈會之後，也是我們動力的開始。」鄭文燦後來重新詮釋了燈會的意義：「高興一天，忙碌一年；辛苦兩週，回憶一輩子。」可以看出他的滿意和驕傲。

楊勝評也說，知名度一舉打響後，大家開始用高標準來檢視桃園、打造桃園新亮點。由燈藝老師彭力真創作的巨大主燈美猴王，如今被遷移至石門水庫南苑，「晚上亮燈時很特別，有一種被放回山林、自由自在的感覺；白天看，下面是樹林，一隻猴子冒出頭，也很有意思，」楊勝評說。

稍做聯想，身穿金鎧甲、腳蹬觔斗雲的美猴王，不正是桃園市正要飛天遁地七十二變的象徵？

把自身優勢做大：桃園花彩節

花彩節則是鄭文燦上任後無心插柳舉辦的活動，沒想到一年比一年盛大，已然成為桃園每年綻放的亮點。

鄭文燦表示，花彩節起源於農地停灌、休耕。「二〇一五年剛上任，農委會和經濟部突然宣布桃園農田水利會灌區兩萬兩千公頃必須休耕。」一聽到要休耕，鄭文燦立刻決定做三件事，一是進行紅火蟻防治，因為只要一休耕，紅火蟻就會蔓延；二是每區找戰備水井，供應臨時用水；三是在休耕農地舉辦花彩節。

農業局專門委員胡淑芬表示，二〇一五年第一次在中壢、大園、平鎮、蘆竹四區舉辦花彩節，吸引十九萬四千四百人來賞花。第二年，除了原來四區，再增加大溪，或許是知名度已開，人氣也翻倍，來了四十六萬六千人。二〇一七年索性擴大舉辦，從楊梅、中壢、圓光寺、平鎮、蘆竹、龍潭到大溪共七個場區，輪番登場，賞遊人數更是比前一年足足增加了一百萬人，共計約一百四十六萬人。若以每人消費一百元計，二〇一七年的花彩節就締造了一億四千六百萬元的產值。

「人氣每年累積，」胡淑芬歸納花彩節受歡迎的原因，認為是現代人喜歡照相，「花田、藝術創作，都是吸引人來拍照的好景點。」「二〇一七年花彩節辦得很成功，以大溪為例，整個展區有蘭花、茶花、波斯菊、百日草、有機農場，還可順訪李騰芳古宅、逛逛大溪老街，很有特色。」每處場區都親自去看過的鄭文燦如是說。

成功的背後，當然有農民和工作人員辛苦的汗水。胡淑芬表示，舉凡大型活動，交通規劃無疑是一大挑戰，必須規劃足夠的停車場、免費接駁公車，方便大眾暢遊花海。

二〇一六年開辦的「桃園石門熱氣球嘉年華」，以及二〇一七年試營運的農業博覽會，也都是新創的活動。「桃園石門熱氣球嘉年華」是第一次在北台灣舉辦的熱氣球活動，不僅「熱氣球升空體驗」網路報名瞬間就被秒殺，也一舉活絡了石門水庫地區，及龍潭、北橫等地的旅遊產業。

農業博覽會構想出自於鄭文燦去參觀了宜蘭的農業博覽會，覺得可以效法宜蘭，推廣在地農業。桃園是北台灣穀倉，所產稻米連續六年獲選台灣「全國十大經典好米競賽」的冠軍米。復興山、拉拉山的水蜜桃，更是美名在外；茶也是桃園的重要經濟作物，號稱「綠金產業」。桃園還是台灣花草種植的重鎮，面積超過四百公頃，年產四千萬株觀賞用盆花，產值高居全國之冠。舉辦農業博覽會可謂名正言順。

市府籌備一年，結合新屋在地十九個社區的居民，花費新台幣三億四千萬元，在三十公頃的基地上，以「循環經濟」、「地景藝術」、「綠色生活」、「科技農業」為主軸，展現農業之美。「例如，以魚電共生的方式建置全國第一口『光電埤塘』、光電廊道、太陽能發電的生命樹，」鄭文燦舉例表示，二〇一七年四月做了八個館試營運，相當成功，二〇一八年要正式開張。

二〇一八年的農業博覽會規劃六大主題專區、二十五個展館，其中錦鯉館、花卉館、馬祖館、四國農業文化館都是鄭文燦增加的。正式營運四十天的展期，從兒童節到母親節，累積超過三百三十萬人次參觀，讓來到新屋的遊客驚艷，閉幕後也保留場館，成為環境教育的基地。

接下強棒傳統，打造棒球城市

有人說，住在一座有棒球的城市，是一件很幸福的事。桃園是台灣少數擁有完整六級棒球隊伍（少棒、青少棒、青棒、成棒、職棒及城市棒球）的城市。光是桃園市的國中、小就有八十七支棒球隊，由於銜接完整，近年在各項比賽幾乎是橫掃千軍，頻頻奪冠。棒球運動已融入桃園，成為市民生活的一部分。

在桃園，最特殊的節慶，莫過於每年三月底到十月的職棒球季、「桃園挺桃猿」的棒球嘉年華了。

二〇一五年，Lamigo桃猿隊總冠軍賽時，鄭文燦採納幕僚建議，在桃園市政府頂樓升起Lamigo桃猿隊的隊旗。在桃園主場時，鄭文燦不只自己買票進場支持，客場球賽時，還史無前例地在桃園中壢SOGO百貨外的銀河廣場設置大螢幕轉播球賽。

「球迷在鄭文燦的臉書上『許願』，我們看到後跟他報告，他就真的實現了球迷的願望。」祕書處長顏子傑說明轉播的原委。「轉播那兩天都下雨，還都輸球，但是鄭文燦穿著雨衣坐在下面和一千多位球迷一起看球賽，」顏子傑說，那是全台灣第一次地方政府舉辦棒球直播活動，也是球迷相信鄭文燦挺棒球的開始。那一年，Lamigo桃猿隊拿下總冠軍，市府還加碼在中壢舉辦了封街大遊行。

「以前沒有人做過這樣的事，沒有人把棒球文化當一回事，他把球賽拉到市中心，讓全桃園人知道有這場盛會，讓整個桃園都進到那個情境中，真的很感動人心。」也是棒球迷的張惟翔說。

二〇一七年，Lamigo桃猿隊戰績彪炳，不僅奪得上下兩季冠軍與年度總冠軍，例行賽中更囊括七十八勝，打破中華職棒單季最多勝場紀錄。冠軍賽時，桃園市府再度在市府前廣場直播球賽，鄭文燦依舊穿著屬於球迷的十號球衣，坐在台下與三千多位球迷一起迎接總冠軍，總冠軍到來的那一刻，現場藍色彩帶與看台前、市府頂樓的煙火齊射，在球迷心中留下感動、深刻、美好的一幕。十二月五日，桃園市府照例熱鬧舉辦Lamigo Monkeys封王遊行，從球場到市府廣場，近萬名球迷一起歡慶。

Lamigo桃猿隊前身為La New隊，二〇一一年由高雄移師北上，落腳桃園。桃園市升格後，鄭文燦不僅設立體育局支持運動，更採納身邊年輕幕僚與資深棒球迷建議，積極落實「棒球屬地主義」，讓「Lamigo桃猿隊」與桃園市劃上等號，每年聯手舉辦至少五十場活動，締造雙贏、共榮的效果。

「棒球迷不喜歡政治人物，」鄭文燦從一開始不太懂，到真的成為棒球迷，現在桃園市民知道市長真心挺棒球，紛紛向市長「許願」，有人要求在奪冠時放煙火慶賀；還有人問球場LED看板什麼時候換好。鄭文燦表示，他由衷感謝吳志揚縣長當年以三十萬權利金將Lamigo由高雄請到桃園來，才能有今天的發展。「他打了一支一壘安打，不過我接續打了一支全壘打。」鄭文燦豪氣萬丈地說。

amigo是西班牙文「朋友」的意思，鄭文燦藉由「桃園挺桃猿」，真的跟棒球迷變成了好朋友，讓桃園成為幸福的棒球城市。

多元族群展現豐富文化特色

桃園過去被形容是一個「路過」的地方，舉凡工作或休閒，居民還是往外跑。如何讓桃園展現文化特色？如何讓桃園被看見？如何打造桃園成為宜居城市？是鄭文燦念茲在茲、要努力達成的目標。

透過尊重、彰顯多元族群文化，舉辦大型展演活動，升格後的桃園既要榮耀在地人，也要吸引外來客。燈會、花彩節、農博、地景藝術到桃猿職棒，桃園已是可以好好玩、細細品味的城市。

台灣沒有一個城市像桃園這樣族群豐富、多元精彩。「桃園是台灣族群的櫥窗，」鄭文燦說，桃園總人口超過兩百二十萬人，除了最大宗的閩南籍外，客家籍有八十三萬人，外省籍族群超過二十五萬人，原住民族有約七萬三千人，還有六萬五千多個外籍配偶家庭。更特別的是，桃園竟是馬祖人的第二故鄉，落腳在桃園的馬祖人有五萬多人，比馬祖本島的一萬兩千人還多。另外，桃園龍岡區當年移入六千位雲南、泰國、緬甸，金三角的異域孤軍的軍民，至今也已繁衍達三萬人。

「多族群、多文化是桃園的特色所在，要創造城市的認同感，為政者必須要有包容度，讓每種文化都獲得尊重。」鄭文燦如是說。

眷村的光陰故事

以眷村為例，桃園原有八十六個眷村，但自從一九九六年《國軍老舊眷村改建條例》通過以後，各地眷村紛紛改建為國宅。為了保留眷村過去的記憶，桃園市府完整保留了三個眷村，俗稱「桃園眷村鐵三角」，陸續將中壢馬祖新村、大溪太武新村及龜山憲光二村，轉型為「眷村文創園區」。

一九五七年建造的馬祖新村，當年主要安置駐守馬祖列島的陸軍第八十四師將官在台眷屬，素有「星星滿天飛」的稱號，市府計劃要朝影視產業培育中心和藝文人才育成基地發展。太武新村興建於一九六四年，是軍方將當年八二三砲戰時落在金門的砲彈變賣後所籌建的聚落。現市府正計劃籌建八二三砲戰紀念館。

一九六八年興建完成的憲光二村，是桃園唯一被保留的憲兵眷村宿舍，二〇〇八年家喻戶曉的電視劇《光陰的故事》就是在這裡拍攝。此處現正轉型為影視基地，設有光影電影院、龜山眷村故事館，還有藝術家駐村。鄭文燦指出，眷村故事館的象徵，是裡面展出的一件卡其褲，膝蓋和屁股部位有漂亮的花朵、水果補丁，「那條褲子的主人考上武陵高中，後來還到國外留學。」代表眷村文化的克難精神。

眷村裡，除了來自大江南北、在戰亂和貧窮年代留下的克難文物之外，還有許許多多說不完的故事。眷村故事館做了許多文字和錄音整理，將當年寄不出去的家書、無法表達的思念，一一留存。「我希望那個時代的眷村文化不要消失，把歷史的記憶保留下來。」鄭文燦說。

桃園每年十月舉辦「眷村文化節」，已經延續十七年，鄭文燦上任以來，年年參與。他對一道名為「復興菜」的眷村菜印象特別深刻，「眷村媽媽就地取材，把剩下的食材煮在一起，有點像大雜燴，特別能展現上一個世代那種克難、又具巧思的滋味。」眷村的「復興菜」，類似桃園的多元族群融合，別具一番風味。

打造客家文化新亮點

擁有八十三萬客家人口的桃園，是台灣的客家重鎮，堪稱「客家第一庄」。轉任立委的前客家局局長蔣絜安指出，桃園的客家人口約占桃園人口的四成，在十三個行政區中就有八個是客家重點發展區。光是從鄭文燦身上經常穿著客家創意衫，就不難看出，客家在桃園也是顯學。

鄭文燦身上這件客家創意衫，起源於客家事務局的一次活動，為增加辨識度，幫市長與市府一級主管製作客家花布背心。在炎熱的夏天，客家事務局又幫市長做了兩件涼爽的創意客家衫。蔣絜安發現市長經常穿在身上，而且花色愈來愈多。「一來是舒適，二來是他認為自己是全桃園八十三萬客家市民的市長，有必要為客家文化宣傳。」蔣絜安驕傲地說：「在桃園，客家是可以被彰顯，當作代表性標記的。」

「過去客家人被邊緣化，預算少，能見度不高，」蔣絜安說，桃園作為客家人的大城市，有責任要翻轉客家人，讓客家人被看見。於是在升格的第一年，客家事務局就推出五十大亮點，每星期都有一個新的政策亮點。例如客語說故事比賽、流行音樂節、微電影比賽、客家季刊等。「我們在市長立定的『客家走入生活、客家結合城市、客家連結歷史』的三大主軸下，從語言、美食、文學、戲劇、工藝等個個層面去辦活動，培養人才。」蔣絜安說。

除了穿著客家衫趴趴走、提高曝光度，鄭文燦最令客家族群感動的是他對各族群母語的重視。

「我希望桃園的孩子都會說自己的母語。」鄭文燦在一次市政會議上宣示，並主動提起客家語言正面臨消失的危機，客家年輕一代會說母語的已不到兩成，請教育局和客家事務局配合推動，令在座的蔣絜安深受感動。「我一直認為，語言是政策的核心，」蔣絜安說，桃園在推動客語傳承上應不遺餘力。有了市長的加持，果然奏效。桃園市去年榮獲客委會「促進地方客語整體發展作業要點」計畫、全國唯一的「特優」獎項，加上九個區公所的配套計畫，一共獲得十個獎、七百七十萬元獎勵金。

致力於讓客語使用普及化、生活化外，美食，也是最容易走入生活的文化。「我辦了很多美食節，因為美食最簡單，一個家庭為了政治可以吵架，但是吃美食不會吵架，獨派不會不吃眷村美食吧？」鄭文燦指出，桃園升格後，每年盛大舉辦客家美食大賽，二〇一七年還邀請日本姊妹市香川，以讚岐烏龍麵和桃園客家米苔目ＰＫ，引起很大話題。二〇一七年底，香川回請桃園去參加他們全國性的烏龍麵大會，正好遇到日本過年，桃園市特別用火龍果做了一款討喜的粉紅色米苔目，造成廣大迴響。

每年中秋節在新屋范姜老屋廣場舉辦的「月光音樂團圓宴」，則是客家美食與音樂的最佳融合。蔣絜安指出，第一年五十桌爆滿，第二年增加到一百桌，雖然要付錢認桌，還是立刻秒殺。每年中秋，市長鄭文燦都會與一千人一起在月光下、客家樂聲中吃辦桌，以示對客家文化的支持。「客家的質感完全不一樣了！」蔣絜安說。

鄭文燦大膽採用政治素人、年輕的客家女性擔任客家事務局局長，全新的思維，沒有包袱的作為，果然令人耳目一新。二〇一七年農曆正月二十的全國客家「天穿日」節慶，除了傳統祭典外，還採納年輕幕僚的創意，在客家文化館舉辦實境解謎遊戲，意外吸引了三千人來參與。

說桃園是目前全台灣客家能量最大的地方並不為過，二〇一七年五月八日蔡英文總統到永安漁港參觀客家建設，客委會主委李永得就公開跟小英總統「告狀」：「鄭市長和蔣局長，這兩年向客委會提案，爭取建設的總金額超過過去十年，害我壓力很大。」這席話，其實是對鄭文燦最大的肯定。

後續桃園客家事務局還有許多大案子要推動，例如在龍潭小人國門口國有土地上，打造客家人與茶產業和茶文化的「客庄茶故事園區」；還原一八九五年（乙未年）客家英勇抗日史的「乙未戰役紀念公園」；保存新屋永安漁港稀有「海客」文化的「海螺文化園區」。

鄭文燦曾經公開宣示：「我會是有史以來在桃園做最多客家建設的市長。」從鄭文燦在客家區的支持度大幅提升，甚至超過閩南區的結果看來，他的高度參與，已獲得了跨族群的認同。

落實原住民族照顧政策

桃園原住民共有七萬三千人，以阿美族為最大宗，泰雅族居次，其中有六萬五千多名原住民散居於桃園都會區。鄭文燦指出，同樣是原民政策，原鄉與都會的照顧面向截然不同。

對於離鄉背井，落腳桃園打拚的都市原住民，市府尊重各族傳統的「歲時季儀」，為他們舉辦慶典。豐年祭是阿美族傳統；布農族（有三、四千人）則辦射耳祭；來自花蓮的撒奇萊雅族（SAKILAYA），桃園也有幾百人，他們辦火神祭；排灣族則辦小米豐收祭。「讓離開原鄉到都會的原住民，仍然能學習到傳統文化。」鄭文燦說。

另外，每區的區公所都貼心地設一位原住民專任服務員，讓原住民來到區公所辦事，有人帶領，不會慌張。每區處理車禍、債務、家庭等糾紛的調解委員會，也都有一位原住民的調解委員。每區設一個原住民的集會

中區原住民族天幕活動場落成，鄭文燦一起載歌載舞。

所，集會所裡設置都會原住民老人的關懷據點，讓他們也可以在此唱歌、跳舞、共餐。

還有一些更實質的幫助，例如十五歲以上的原住民市民，都享有三十萬元的團體意外險，「很多原住民來到桃園工作，工地、營造廠提供的保險也許不足，因擔心有職業災害，市府再為他們加保三十萬的保險，」鄭文燦說，二〇一五年新北市八仙樂園發生塵爆意外，當中有幾位傷者是原住民大學生，就有領到這個保險金，「雖然數目不大，也算不無小補。」桃園一般市民平均房屋自有率是百分之八十，但原住民族則不到五成，所以市府也給予每年一千戶原住民族家庭每月四千元的租屋補貼。

在原鄉，鄭文燦做了許多「轉型正義」的工作。前面提到，二〇一六年桃園市政府完成的紀錄片「泰雅先知——樂信．瓦旦」與「失根的部落——興建石門水庫卡拉社部落的泰雅族人遷徙史」，是還原與紀錄原住民歷史的重要作為。

「樂信．瓦旦是泰雅族歷史上的悲劇英雄，跟大家熟知的莫那．魯道一樣，其實，樂信．瓦旦的重要性有過之而無不及。」鄭文燦說，這個百年家族、四代的故事，從清朝、日治、國府到戰後民主化，「過程中，清楚看到不同政權下原住民的應對和地位變化，」堪稱是台灣版《百年孤寂》。

卡拉社則是一個被遺忘的部落。「卡拉社位在石門水庫阿姆坪淹沒區，一九六四年興建石門水庫時被淹沒掉，政府將居民安置在大溪的中庄新村，安置沒多久遇到葛樂禮颱風，被迫遷移到觀音的大潭新村，竟然又遭遇高銀化工鎘汙染事件，再度被迫流浪，搬到大溪、中壢。」鄭文燦對於卡拉社流離苦難深切感受，於是決定拍攝紀錄片，記錄這個被遺忘的部落。

二〇一五年因蘇迪樂颱風被淹沒掉的合流部落，在兩年內，順利完成三十四戶的「合流部落重建社區」，實踐讓原民「離災不離鄉」的承諾。

另一個令鄭文燦掛心的故事，則是大溪區的撒烏瓦知部落及崁津部落。

早期原住民族人從花東地區北上工作，落腳於大漢溪河畔，但緊鄰河川行水區，沒水、沒電的生活，讓他們生活不便，過去三十年多來，歷經不少抗爭與艱辛。

崁津部落共四十戶、近一百人，有長老、牧師、小教堂等，已經是個集居型部落，因此鄭文燦非但沒有拆除，反而想辦法讓部落居民有門牌、有水喝。二〇一六年夏天，撒烏瓦知部落正式通水；今年六月，崁津部落也順利啟動用水儀式。

鄭文燦請自來水公司裝設供水設施，但因位處大漢溪畔，無法拉自來水管，最後他決定編預算，直接鑿井。「光開井不夠，由於水質不乾淨，我找扶輪社幫忙做水質淨化設備，讓它變成可飲用水，送檢完全達標。」

「沒有哪一個部落應該被遺忘，沒有哪一個族人應該被放棄；只要是住在桃園這塊土地上的朋友，都應該享有基本生活權利。」鄭文燦感性地說：「這叫『用水正義』！我從生活面去解決他們的問題，因為用水是基本人權。」

崁津部落用水啟用，鄭文燦與大家一起慶祝開通乾淨自來水。

「通訊正義」、「用水正義」、「土地正義」……鄭文燦在原鄉一步步實現。

新住民：VIP for Taiwan

台灣東南亞四國移工的英文國名縮寫是VIPT（越南、印尼、菲律賓、泰國），鄭文燦把它解讀為「Very Important People for Taiwan」，簡單一句話，撫慰了所有新住民的心。

桃園有六萬多戶新住民家庭，還有全國為數最多的外籍移工（約十一萬人），「他們的文化與法律保障，是桃園市府很重視的一環。」鄭文燦說，新住民的服務比較複雜，包括法律保障、生活適應、文化交流等面向，「桃園成立了新住民聯合服務中心，專門解決所有疑難雜症。」

鄭文燦分析，桃園新住民，陸配與東南亞籍約各占一半。一般而言，新住民取得身分的時間約四年，陸籍配偶需要六年。「在桃園，他們一旦有居留權，就可以申請市民卡，這代表包容和接納，他們很受用。」

桃園設有十三個家庭服務中心，特別針對新住民家庭提供服務與關懷，生活適應、親子教育、課後照顧，以及媽媽學中文等等。「將來還想幫忙他們就業，還有微型創業，讓他們開個小店，」鄭文燦說，桃園就業機會多，新住民的就業輔導還需要再加強。

為了提供友善的交流場域，桃園還首創「二〇一七桃園東南亞移工休閒育樂參與式預算計畫」，讓移工朋友也能投票決定預算的運用方式，藉以建立友善移工的環境。市府把十三項提案公開在活動網站及實體投票點，讓民眾閱覽投票。內容包括：「越南移工中文教室」、「國際泰拳比賽」、「藝術展覽」、「唱跳比賽」、「球類競賽」等等。

文化活動當然也少不了，泰國文化展、越南文化展、印尼文化展，先前還辦了四國文化展，是泰國、越南、印尼、菲律賓等四國婚禮的介紹。

二〇一七年十月底，桃園市政府與電信公司台灣大哥大合作，舉辦「二〇一七OK Prepaid Card印尼演唱會，邀請印尼搖滾天團「Noah」到桃園開唱，讓在台的印尼朋友一解鄉愁。也曾為為數最多的越南新住民和移工，舉辦「閃亮越南演唱會」，讓大家認識越南移工母國的文化。

「桃園要把外來文化當作資產，多做文化交流。」鄭文燦說，要讓新住民家庭被接納，讓他們展現自信和特色，政府既要照顧，也要給他們支持。

把文化落實在生活當中

除了尊重多元文化，讓文化走入生活，鄭文燦在活化古蹟、普及文化設施方面，著墨甚多。

「文化是桃園市的靈魂，」鄭文燦表示，桃園以前文化設施很少，既沒有美術館，也沒有圖書總館，鄭文燦上任後陸續修建了數量眾多的圖書館、美術館、博物館和地方故事館，「讓這些設施大量普及化，是我的目標。」

鄭文燦一口氣規劃十座圖書館，他之所以對圖書館情有獨鍾，背後原來有一個溫馨的故事。「考大學前一個月，圖書館管理員讓我住在裡面，我在裡面拚了一個月才能考上台大電機系，所以對圖書館很有感情。」

更有意思的是，鄭文燦讓每座圖書館各有特色。圖書總館以生命樹為設計概念，一邊是展覽中心，一邊是圖書館。「我希望未來完成的總圖書館可以作為桃園的地標，」鄭文燦說。

另外，龍岡圖書館以建築特色著名；龍潭圖書館則結合了龍潭的文化才子鄧雨賢，在裡面設鄧雨賢紀念館，「我的想法是，要把過去台灣歌謠歷史上很重要的文化才子找回來，也把城市過去的文化記憶找回來。」

規劃中的大溪分館，則附加大溪知名歌星鳳飛飛的紀念館；蘆竹的圖書館，做成典藏兒童文學家作品的兒童圖書館。興建中的玩具圖書館，是二手玩具的交換中心，「小時候我們玩的那種木製玩具，積木、樂高，可以在那邊交換。」鄭文燦對於圖書館不但感情豐富，也充滿想像，「我要讓每個地方都有圖書館，連捷運站都要設小圖書館，這樣加起來桃園就有三十幾座圖書館。」

古蹟保存與老屋活化則是一項大挑戰。經營城市的角度很多，鄭文燦認為，保持城市的歷史記憶很重要，「即使桃園是很工業化、都市化的城市，過去的歷史還是要保存。」鄭文燦指出，非都市計畫區的古蹟不好處理，因為沒有容積轉移的規定，政府沒有辦法徵收，必須花很多力氣與屋主協商。

國定古蹟李騰芳古宅，就是一個最好的「古宅新生」典範。位於大溪的李騰芳古宅，興建於西元一八六〇年至六四年間，為經營米穀事業的李家三兄弟所建，一百六十年來歷經三次修復，目前交市府與鄰近的日式宿舍、公會堂、武德殿整合，成為大溪木藝生態博物館營運。

還有八德的市定古蹟呂宅著存堂，經溝通後屋主願意配合，目前已規劃要作為「八德故事館」；新屋的范姜祖堂，管理委員會也把它提供給市政府開設樂齡學堂，現在是新屋的樂齡學習中心。

對於尚未達歷史建築標準的老屋，市府則提供整修補助，讓它活化。像新北市長朱立倫舅舅出身的大溪梅鶴山莊，之前的縣長都猶豫再三，鄭文燦上任後反倒沒有包袱，展開修復計畫，傳為美談佳話。「修好以後，那邊設了一個獨立書屋，他們宗族都很感謝我。」鄭文燦說。

中壢中平故事館、桃園警察宿舍，也都是老屋新風貌的案例。二〇一五年五月開館營運的中平故事館，興建於一九三〇年，原是公務員宿舍，今打造為多元藝文空間，不定期展覽或講座在此舉辦；二〇一八年八月開館的桃園警察宿舍（七七藝文町），座落在鬧市之中，已成為桃園藝文的綠洲。「用文化超越政治」，鄭文燦做了最佳示範。

11

近鄉不再情怯，遊子樂於返鄉

落實真正的居住正義

「我知道我在改變桃園，」鄭文燦霸氣地說，作為一個市長，要敢於夢想，敢於主張。「桃園真的很需要被看見，」鄭文燦指出，台中立足中台灣，台南、高雄稱霸南台灣，那桃園呢？因為台北的「磁吸效應」，桃園往往是被忽略的那一個，「我們要發展得好，就要成為台北以外的另一個選項。」

桃園市政府的財政狀況相對穩健，但重大建設仍然需要中央支持。鄭文燦認為，要放大建設的能量，必須和中央「對接」，配合中央政府提出的「亞洲．矽谷計畫」、「前瞻基礎建設計畫」及「桃園航空城計畫」等三支箭，讓桃園成為台灣創新轉型的火車頭。

市長如果連任，兩屆共八年，能夠為桃園留下什麼，對鄭文燦來說才是重點。「有些建設會在我任內完成，有些建設會在我任內開工，還有些建設完工時我已經卸任，」鄭文燦說，「今天不做，明天就會後悔，在我心中，每一項重大建設都是和時間賽跑。」鄭文燦以捷運綠線為例，二〇一八年動工，動工後八年內陸續通車，「等到正式通車時，我早就不是市長了，但我會以市民身分回來搭捷運。」

替青年鋪好返鄉第一哩路

「住宅是基本人權，住宅是一個溫暖的家、是一個人生的起點，我希望社會住宅方案是實現台灣居住正義的開始，也是協助青年的第一哩路。」鄭文燦說。二〇一七年十月十八日，桃園「八德一號」社會住宅開工動土，時任內政部長葉俊榮受邀與桃園市長鄭文燦共同主持開工祈福典禮。

這處位於市定古蹟呂宅著存堂旁的基地，是鄭文燦上任以來開工動土的第三座社會住宅，二〇一六年十二月十九日開工的「中路二號」與二〇一七年七月二十一日開工的「八德二號」兩處基地，蔡英文總統與前行政院長林全還特地親臨主持，象徵桃園是中央社會住宅政策的重要基地。

桃園社宅開工動土典禮為何如此慎重？是因為「社會住宅」是鄭文燦心目中落實「居住正義」，也是協助青年返鄉第一哩路的開始，更是他治理桃園的重要理念。二〇一四年底上任的鄭文燦，於隔年四月一日就成立專責推動社會住宅的「住宅發展處」，並連續三年分別編列十五億、十九點二億及十一億「住宅基金」，總計達四十五億兩千萬元，作為桃園推動

桃園的社會住宅，都是鄭文燦上任後推動，中路二號將在二〇一九年四月完工。

社會住宅政策的原始基金，顯見他決心之強烈。「也要謝謝議會的支持，一個地方政府能編列四十五億元的住宅基金，算是很不容易。」鄭文燦說。

有了原始基金，鄭文燦又馬不停蹄，積極尋覓適合的基地，用樂活社區的理念來設計桃園的社會住宅。二〇一六年曾赴歐洲取經的鄭文燦表示，社會住宅是大家的好鄰居，「在設計之前會先跟地方溝通，把社會福利設施納入，並與地方居民共同使用。」鄭文燦描繪的社會住宅藍圖，顛覆所有人對它的刻板印象。

只租不售的好鄰居

桃園市的社會住宅有許多特色。首先，它只租不售，有七成比例提供給年輕人承租、三成比例提供弱勢戶承租。租金大約是市價八折，弱勢戶更可以打六折。若以一房、二房、三房的房型來說，租金大約是六千元、八千元、一萬元。租期一次三年，必要時可以延長三年，最長可以延續到十二年。

「年輕人的第一哩路獲得支持，一段時間之後，就可能自己買房子。」鄭文燦表示，桃園房價雖然比台北便宜很多，但是對剛出社會的年輕人來說，依然是沉重的負擔。因此，社會住宅計畫有很大的必要性，鄭文燦認為，人不應該一輩子被貶值為「屋奴」，好像只為了買一棟房子而活，「住宅只是人生的基本條件，人生還有更大的夢想可以追求，」鄭文燦希望，社會住宅方案能讓年輕人及弱勢家庭「負擔少一點，夢想多一點」。

更令人激賞的是，桃園以經營社區的理念出發，慎選地點、高規格設計社會住宅。第一階段的十個社會住宅基地，都位在交通、生活機能兼優的重劃區。以「八德一號」社會住宅為例，位在二〇一八年即將發包動工的捷運綠線起站，將來到中壢、桃園火車站都有捷運連結，綠線的大湳站還會連接三鶯線，到台北也很方便；距離大溪交流道也只有三公里，交通十分便捷。鄰近還有中央大學的預定地，以及即將開工的北區青少年活動中心，是個交通便利、未來發展可期的地點。

「八德一號」基地面積約六千八百二十一平方公尺，總共規劃三棟、地上十八層樓，預計有四百一十八戶。採用環保、耐震、無障礙的建築設計，與鄰近大樓相較，絲毫不遜色。更特別的是，八德一號社會住宅不只是一間房、一棟樓，更是一個規劃完善的社區。一、二樓層規劃的是可提供在地居民使用的公共設施，目前各社會住宅分別設有圖書館、親子館、公托中心、日照中心、青年創業辦公室和里民活動中心等等。

除了協助青年、弱勢戶之外，鄭文燦將社會住宅擴大為普遍性的照顧方案，將原住民族與警消人員納入。前面提過，一般桃園市民住宅自有率達八成，但原住民族不到五成，所以原住民族也有社會住宅需求。另外，他還注意到，在桃園擔任警消的年輕人，八成都是中南部「北漂」的鄉親，所以需要設立警消社會住宅。「目前已經在中壢、桃園各一個公辦都更基地取得近兩百戶，作為警消社會住宅，」鄭文燦表示，讓新進的警消同仁有一個階段性的職務宿舍可以住，「等到他熟悉桃園，就有可能落地生根。」

居住人權不可忽視

桃園市政府已經規劃一萬兩千戶社會住宅，第一階段十個基地、四千餘戶，已在二〇一八年陸續開工。第二階段有超過三十個儲備基地，合計可以興建一萬兩千戶以上。無論規模或積極度，桃園的社會住宅政策令人刮目相看。

時任內政部長的葉俊榮表示，北部幾個縣市在社會住宅的推動上比較積極，「我看到桃園市有後來居上之勢，相當強勁。」葉俊榮指出，政府提供的社會住宅確實太少，在目前八百多萬家戶中，政府提供的公宅才八千七百四十四戶，比例只有百分之零點一，相較於亞洲其他國家大約百分之五，歐洲約百分之二十至三十，差距甚遠。

「我們要用最大的決心和努力來實踐社會住宅計畫，」葉俊榮指出，推動過程中土地與資金是基本配備，因此，內政部積極與國防部協調，如何活絡公有土地，讓縣市運用；資金方面，也建立了融資平台，以後租金慢慢回收，將社會住宅的財務基礎朝永續發展邁進。「更重要的是經驗學習，」葉俊榮指出，中央與地方要積極合作，六都與營建署每兩個月開一次研習會，互相交流，「現在桃園市逐漸成為其他縣市的參考對象。」

鄭文燦也認為，地方的社會住宅政策必須與中央對接，桃園需要中央協助的還很多，除了取得國有土地以外，利息差額補貼就是其中一項。台北市一間房可以租到兩萬或兩萬五千元，桃園頂多只有一萬元，社會住宅租金收入面會比較少，需要中央的差額補貼或興建成本的補貼，「桃園願意做很好的示範，跟中央政府協力合作，讓桃園的社會住宅成為一個好的選項。」因為桃園市政府所展現的決心，內政部在第一階段的補助高達五十九億。

不過，蓋房子簡單，如何管理才是重點。鄭文燦認為，台灣推動社會住宅還需要累積經驗，「未來的挑戰是管理，」他說，桃園雖然推動比較快，但是很謹慎的處理每一個環節，他希望桃園在推動社會住宅和實現居住正義方面，可以走在前面，讓年輕人與弱勢族群都能獲得保障。

12

衝突下的決策思考

航空城計畫浴火重生

「桃園航空城」與「亞洲．矽谷」計畫同被視為帶動台灣發展的雙引擎，但航空城因為炒地皮風波不斷，已被汙名化成「畫餅」政策，鄭文燦上任後，如何撥亂反正，化解衝突，讓航空城計畫獲得民意與輿論的支持？堪稱是他當市長初期最大的挑戰。

「航空城計畫考驗執政的價值，」鄭文燦說，避開黑箱作業、土地炒作的弊病，才能凸顯公共建設的本質。「政策不透明的錯誤示範，一定要匡正！」他說。

從二〇〇九年一月二十三日通過《國際機場園區發展條例》開始算起，桃園航空城計畫在鄭文燦上任前已經敲鑼打鼓了五年，卻始終未能拍板定案。

「時間本身就是成本，」鄭文燦表示，一個案子吵了五年多還沒有辦法定案，無論贊成或反對，雙方在懸而未決的情況下都有損失。有人擔心失去自己原有的家園，心裡始終忐忑不安；有人擁有一塊工業用地，卻不敢蓋工廠，因為以後可能會被徵收；孩子要結婚，房子也不敢裝潢，怕以後要拆。「早一天定案社會成本確實比較低」。

鄭文燦上任後有媒體斷言，航空城計畫必會「砍掉重練」。鄭文燦強調，在競選市長時，他對航空城計畫有兩大主張，一是推動「綠色經濟版航空城」，二是「支持航空城，反對炒地皮」。因此，航空城計畫也不可能砍掉重練，而是要用更透明、民主的方法來化解衝突與紛爭。

航空城計畫第一期區段徵收範圍達兩千六百公頃。預定機場園區範圍內要建設第三航廈（二〇二二年完成）、第三跑道（二〇二五年完成），將機場航廈的年容量，從目前的四千萬人次，提高到八千兩百萬人次。同時，以機場為核心，規劃「自由貿易港區」和「產業專區」，引進航太、物流等產業，落實「機場經濟學」。

「航空城計畫完成後，將可以大幅提高台灣的競爭力！」鄭文燦說。

開發過程公開透明，超脫藍綠

在鄭文燦接手前，「桃園航空城」已被扭曲為「土地炒作計畫」，外界對航空城計畫始終有個問號。

「我上任後必須重建信心！」鄭文燦宣誓要以「公開透明」、「民主參與」、「生態發展」、「公共利益」、「產業優先」五大原則來推動航空城計畫。

首先要杜絕炒地皮，鄭文燦公開宣示：「幕僚或一級主管及其家人，除了購買自用住宅外，不准在航空城範圍內買賣土地，否則一律撤職查辦。」他還將航空城計畫的推動工作，全面回歸到市府各局處執行，航空城公司僅負責行銷招商業務。

「推動大型建設，一定要讓計畫公開透明，並接受外界的討論，這樣才能超脫藍、綠政治的格局。」鄭文燦指出，第一步就是將航空城土地交易資訊上網公開，舉凡交易紀錄與價格都可以清楚看得到。「現在交易資訊公開，人為炒作的機會也大為降低。」

接著，鄭文燦開始以民主參與的方式舉辦全區聽證。「過去一直被批評黑箱、炒作，正反雙方意見無處表達，也無法充分討論。」鄭文燦認為，計畫要攤在陽光下，讓民眾充分參與討論。於是從二〇一五年十月到二〇一六年五月止，一共舉辦三十場全區聽證會（二十四場預備會議，六場正式會議），所有利害關係人、地主、公民團體共計有兩萬人參加。「這是一堂民主課程，正反雙方可以充分辯論。」鄭文燦說，讓正反雙方充分表達意見，找出爭議點，在尊重多數、保障少數的原則下，慢慢縮小爭議。

鄭文燦指出，第三跑道需要七百二十公頃，自由貿易區需要一百二十公頃，第一期產業園區就超過三百公頃，這些土地有其必要性，要縮小範圍並不容易。「雖然能縮小的範圍有限，但處理的程序要細緻，要回應人民的需要，贊成方讓他納進來，反對方盡量讓他剔除。」鄭文燦努力尋找最大的共識。

他還體貼地主張要先建後拆，「必須在另一個地方重建好安置社區，民眾才會接受，」鄭文燦說，還要讓民眾參與安置社區的設計及營建過程，因為拆遷戶失去的不只是一棟房子，而是整個社會的紐帶關係。

除了過程細緻、體貼，鄭文燦還重視生態發展，他強調，都市開發並不是單純把建築、人口淨空後重新發展，而是要和原來的生態相容。例如，埤塘應該保留恢復水域面積，以保留滯洪及防災功能，讓航空城成為韌性城市。

尋求圓滿與共識，穩步向前

經過聽證程序，航空城計畫尊重居民意願做了細部修正，並在三月二十七日通過內政部都市計畫委員會再審議，將不影響整體規劃的蘆竹宏竹里和大園埔心里兩河流域剔除，將海口社區納入，徵收面積降為三千零二十六公頃。

值得一提的是，黑貓中隊基地，包括停機棚、高空照相設施、美軍宿舍等約十二公頃土地，以及埤塘，都完整保留下來。鄭文燦指出，黑貓中隊基地是冷戰時期、兩岸對峙年代最具代表性的歷史地標，具有深遠的意義；埤塘不但是桃園的特色地景，更具有防洪及生態功能，都應該要完整保留。

「計畫要透明」、「利益要共享」，鄭文燦以無私、開放、圓融的態度，降低了衝突，讓航空城計畫浴火重生。

以亞太經貿樞紐為目標——亞洲．矽谷計畫

桃園是中央政府「亞洲．矽谷計畫」中最重要的發展基地。鄭文燦表示，之所以選定桃園，是因為桃園具有區位、交通、產業、人口四大優勢。

人口紅利上，桃園市民平均年齡三十八歲，是六都中最年輕的城市，

且境內有十七所大學，青年能量充沛。

區位方面，從桃園國際機場到香港、上海、首爾、東京、新加坡等亞洲主要城市，航程都在三小時內，可以迅速連結亞洲各大城市，桃園的交通樞紐角色，無可取代。

桃園也是台灣第一工業科技大城，全台五百大製造業中超過兩百家落腳桃園。境內的三十座工業區，占地近七千公頃，工業產值每年近新台幣三兆元。其中又以資訊與通信科技、物流、航太零件及維修、生技、電動車、綠色能源等產業引領全台。再加上鄰近台北政經中心，又接近新竹的科技廊帶，所以鄭文燦常說，Made In Taiwan與Made In Taoyuan經常可以劃上等號。

桃園準備好了！

鄭文燦表示，「亞洲．矽谷計畫」並不是要複製美國矽谷，而是以桃園為核心，鏈結亞洲的人才與資源，連結矽谷的研發能量與創新動能，打造桃園成為新世代產業發展的火車頭。

鄭文燦說，配合「亞洲．矽谷計畫」推動示範場域，中央與地方聯手打造「亞洲．矽谷創新研發中心」、「虎頭山物聯網創新基地」、「中原創業村」、「幼獅國際青年創業村」、「桃園會展中心」等，都是讓人才、技術、資金匯萃在桃園，提高創新的功能。

「虎頭山物聯網創新基地」，要作為無人車測試基地，發展車聯網技術；「幼獅國際青年創業村」，以智慧能效馬達為發展重點，打造成「馬達矽谷」專業園區；孵育青年創業的「青創指揮部」，在二〇一六年已正式成為法國政府「La French Tech」計畫的合作夥伴，成立「French Tech

Taiwan」創新基地，連結台灣成為全球創業網絡的一員。

「落實『亞洲．矽谷計畫』，桃園準備全力以赴。」鄭文燦說。

好用比得獎重要——智慧城市

智慧城市近年已成為城市治理的顯學，被視為城市未來發展的方向。對桃園來說，智慧城市也是打造桃園成為「亞洲矽谷」的核心要件之一。

二〇一七年在國際智慧城市論壇（Intelligent Community Forum, ICF）的全球評選中，桃園在上千座城市裡脫穎而出，成為世界前七的智慧城市。在智慧校園、智慧防災、智慧環境監控等項目獲得評審的肯定。

「對我來說，智慧城市不只有科技面向，也不是為了要得獎，重點是要市民覺得好用、讓整個城市更Smart。」鄭文燦說。

如何讓桃園市Smart？桃園正朝智慧治理、智慧產業和智慧生活三個面向大步邁進。

智慧防災，降低風險

二〇一六年開始，桃園推出智慧路燈計畫，開始以LED燈泡取代傳統燈泡，並搭載高解析度的攝影機、河川水位監測、環境品質控管及數位看板，同時也是無線網路的熱點。目前全桃園已經完成一萬一千盞智慧路燈的設置。桃園、八德智慧路燈示範區的一千八百盞智慧路燈，還可以自動調亮度、回報故障，相當「智慧」。

桃園市政府還在各河川建置四十八座水位監測站，利用「水情看桃園」APP快速統整降雨量、河川水位與政府緊急警報資訊，預先防災。

二〇一六年六月，桃園機場淹水，就是仰賴這套監測系統釐清真相。當天市長鄭文燦正好要出訪日本，人上了飛機，機艙門關了，飛機卻一直沒起飛，人到日本後看新聞才知道桃園機場淹水，於是隔天早上五點就從飯店出發趕回台灣。

其實機場歸交通部管轄，機場漏水也不是桃園市府的責任，但機場公關第一時間對外表示，淹水原因是機場附近的埔心溪溢流，埔心溪的水利工程便是市府業務。經調閱「水情看桃園」APP監測系統的資料，證實埔心溪水位正常，後來進一步查明，是機場施工的廢土阻塞了原來的排水道，才導致桃園機場淹水。

環保「天羅地網」系統，則配合環境監測中心六個工作站進行稽查，一旦發生公害事件，可以在出勤前就知道附近所有工廠汙染源資訊，到達現場後，也能快速判斷汙染源。桃園市政府與環保署合作，首先在觀音工業區設置一百台空氣盒子，經大數據分析，查獲可能的汙染源，並將汙染廠商移送法辦。

二〇一七年六月，在全桃園一百八十七所小學及四十八個公家機關，設置了兩百三十五台空氣盒子，將感測到的細懸浮微粒濃度、溫度、濕度等環境資訊上傳，連市民都可以隨時監看。

智慧生活與智慧產業大躍進

與一般民眾最息息相關，也最容易感受的是所謂的「智慧生活」。民眾最有感的，應屬桃園市民卡，一張卡片整合與市民切身相關的公共服務，超過六十項食衣住行的消費需求。桃園市民卡可說是一卡多用途，除可以作為識別證、員工證、學生證、敬老卡、圖書證、門禁卡，以及捷運、公車、YouBike等交通票卡，還可以作為電子錢包，小額付費。市民卡還結合健康卡，有應用程式主動幫市民記錄初生幼兒施打疫苗時間，主動通知。一卡在手，方便無窮。桃園市民卡發行不到三年，已經突破一百一十萬張。

十四座老舊停車場的智慧化，也是一大亮點，停車場變得乾淨明亮外，還搭配LED照明、智慧尋車與票證系統，既方便又舒適，停車場使用率一下子從平均五成拉高到九成。位於市政府旁的西門停車場就是其中之一，市府鼓勵員工車停西門停車場，再搭電動接駁車到市府上班。

桃園力推的低碳智慧運輸，是目前最大的智慧產業。桃園本來就是電動車生產重鎮，包括中華汽車電動二輪車（e-moving）、睿能創意（Gogoro Smart scooter）的生產基地都在桃園。為了鼓勵民眾淘汰二行程機車，購買電動機車，市府最高補助三萬四千元，是全台最高。目前桃園市的電動二輪車有三萬五千多輛，市占率百分之三點一四，為六都之首。

許多人開玩笑說，「智慧城市真的需要一個像鄭文燦一樣Smart的市長！」

13

鋼鐵意志與柔軟心

鐵路地下化與機場捷運的堅持

「鐵路如果不能改變為地下化，你還要不要連任？」「鐵路地下化是你的政治訴求，假設不能完成，那你要不要連任？」鄭文燦第一次在議會面對反對黨議員咄咄逼人的質詢，「賭上政治生命」、語氣堅定地回答：「一定堅持到底，如果有必要，要我去行政院門口跪都可以！」

「使盡洪荒之力」，堅持了三年，台鐵桃園段鐵路地下化的「可行性評估報告」，終於在二〇一七年八月經行政院核定通過。對鄭文燦來說，這是他展現鋼鐵意志修成的正果，也是他執政的價值所在。

從軌道經濟學角度出發

「台北、新北、高雄、台南鐵路都是地下化，桃園怎麼可能高架？」鄭文燦早在競選市長時就提出「政策大轉彎」的鐵路地下化政策。「這樣的政策選擇，說明鄭文燦是政治家，不是政客。」原在台北大學公共行政系任教、現任桃園捷運公司董事長的劉坤億，在二〇一四年市長選舉時擔任鄭文燦的政策幕僚。他指出，鄭文燦對許多政策早有定見，有時甚至反過來說服幕僚，「鐵路地下化就是其中之一，」劉坤億表示，主張鐵路地下化必須增加經費、延長工期，因此要改變政府決策，會是當選後的重大挑戰。

「工程一旦做下去，會影響地方百年。」劉坤億佩服鄭文燦的遠見，「採高架雖然經費較低，但地下化才是對地方未來發展負責任的決策。」

事實上，桃園鐵路高架化有一段曲折的歷史，高架化是在朱立倫擔任桃園縣長時代核定，這個計畫預定在高架鐵路兩側設置左右合計六十公尺的林蔭大道，因此必須要拆遷四千戶民宅，遭逢巨大抗爭而停擺；吳志揚擔任縣長時，取消六十公尺林蔭大道，改採高架鐵路，雖然拆遷大幅減少到四、五百戶，但因鐵路緊鄰住宅區，居民仍然無法接受，「地鐵促進會」等公民團體，先後抗爭了三十多次。

其中有位七十幾歲的「地鐵阿公」林連生，他原是理髮師傅，家住內壢車站前，因規劃中的高架鐵路要拆他的房子，而被捲入這場社會運動。看到鄭文燦對鐵路地下化的堅持，讓他重燃希望，每隔三、兩天就打電話給鄭文燦加油打氣。

地鐵阿公不是特例，鄭文燦做過多次民調，桃園市民贊成地下化的比例高達百分之七十五到八十。雖獲民眾支持，但政府核定高架已成定局，且部分工程已開始進行，怎麼可能改弦更張？「高架化其實只做了部分臨時軌道及臨時站。」鄭文燦說。

鄭文燦解釋，鐵路沿線住宅區密集，無法承受鐵路高架帶來的噪音與景觀衝擊；鐵路的阻隔也會讓桃園發展受到很大的障礙，只有打通前、後站，讓南北連結，桃園才能發展成一個完整的都會。「鐵路地下化之後，還可一舉拆除二十處平交道、八座陸橋與八個地下道。」

鄭文燦在桃園市議會接受質詢。

台鐵桃園段地下化，全長約十七點九四五公里，除了現有的桃園、內壢、中壢站外，未來將增設五個通勤站，分別是新北市的鳳鳴，以及桃園國際路、永豐路、中原大學、平鎮四站。鄭文燦表示，未來配合都市更新，再加上中壢、桃園兩站結合捷運「三鐵共構」，桃園市的「新站特區」將成為交通樞紐與商業發展新都心。

桃園鐵路高架化計畫，連同平鎮站總經費共計三百五十八億元（中央負擔約兩百二十億元、桃園負擔約一百三十二億元、新北負擔約六億元），改採地下化總經費共計約九百六十四億元，其中桃園段約九百零一億元（中央負擔約四百九十億元、桃園加上自償性預算負擔約四百一十一億元），經費確實多出約六百億元；工程期程也要延長，但鄭文燦表示，桃園市每年創稅近兩千億元，桃園人沒有理由要捨棄最佳方案、接受次佳選擇，且中央增加約兩百七十億元預算，以七年工期分攤，每年僅增加三十多億元負擔，占交通部一〇七年度總預算七百六十五億元不到百分之四，為百年計，延後短短兩、三年完工，是比較前瞻性的選擇。

更何況，鐵路地下化之後，原鐵道路廊是一條十八公里、寬二十五公尺的南北向大道，如果換算土地徵收的價格，那就更划算了，更遑論地下化之後帶來的其他外部經濟效益。

堅持對的事，有志者事竟成

只是改弦更張需要龐大的預算，中央會不會支持？有沒有可能逆轉？不少人唱衰，抱著看好戲的心情，看鄭文燦的地下化大計會不會觸礁？會不會走不下去？

即便鄭文燦以溝通見長，但政策要逆轉仍不是一件容易的事。「面對卡關，要沉得住氣，很多事情不是一天可以改變的。」回顧折衝過程，鄭文燦表示，在民進黨執政前，交通部一直游移，桃園市府提出的可行性報告，怎麼審都過不了，一直延宕，直到政黨輪替後，歷經多次溝通方才定案。「這不是短時間的危機，而是長時間的壓力，在還沒有逆轉之前，確實要承擔很大的壓力。」鄭文燦有感而發。

展現鋼鐵人的意志，據理力爭，鄭文燦與桃園市民終於迎來美好的結果。

「這裡不是外國，是未來的桃園。」在二〇一七年的市政說明會上，鄭文燦展示未來桃園火車站令人眼睛一亮的興建藍圖，仔細向市民說明鐵路地下化後的願景：「鐵路如果採用高架，會有四層樓高，旁邊根本不能蓋大樓，只有鐵路地下化，車站附近才能蓋這樣的大樓。」

鐵路地下化工程計畫預定工期七年，「屆時桃園會轉大人！」鄭文燦說。

直達美好前的等待

鐵路由高架逆轉為地下，是鄭文燦鋼鐵意志的展現；機場捷運線的通車過程，則讓人看到鄭文燦的膽識與承擔。

桃園機場捷運是全球第五條擁有市區預辦登機服務的機場捷運，從規劃到完工整整經過二十年。一九九五年之初，政府原決定以ＢＯＴ的方式興建，但得標廠商財務有狀況，幾經波折後又解約，改由政府出資興建。十年後，二〇〇六年六月開始動工，原定二〇一四年六月通車。

動工之時，擔任新聞局長的鄭文燦，參與了動土典禮。十年後，努力要讓機場捷運線開通營運的人，也是他。

這條兼具首都到機場，以及台北、新北、桃園間通勤功能的捷運線，也是桃園營造「北北桃一小時生活圈」的第一哩路。但在眾人引領期盼下，通車日期卻六度跳票，直到二〇一七年三月二日才正式通車營運。

鄭文燦表示，機場捷運線的興建單位是交通部高鐵局，營運單位是桃園捷運公司。市府及高鐵局要面對統包商及協力廠商等多角關係，諸多問題擰在一起，苦無解套的線索。而通車日期一再跳票，原因在於測試始終未能達標。

「系統不穩定是最大的問題，」桃園捷運公司前總經理陳凱凌表示，依照《大眾捷運法》的要求，系統可用度要達到百分之九十九，一天總共只能延誤十一點四分鐘。二〇一五年五月跑出來的數字只有百分之五十九，二〇一五年十月，系統可用度也只達百分之七十。「系統可用度每下降百分之一，就會多延誤十二分鐘。算起來延誤的時間相當可觀。」

期間外界一直質疑為什麼不通車？特別是「二〇一六台灣燈會」在桃園高鐵站旁舉辦，捷運沒通車，大眾輸運該怎麼辦？鄭文燦硬是把壓力承擔下來，一再聲明：「不能為了通車而通車，必須給旅客安全穩定的系統。」

為了解決號誌系統整合問題，時任交通部長賀陳旦在二〇一六年八月親自帶領高鐵局與桃捷公司幹部，親赴德國與德國西門子協商，並成立「監理調查委員會」，請專家診斷，釐清各項問題，建立共識。

在此之前，市長鄭文燦下了一個重要的決定，讓桃捷公司把人員聘足，訓練好，提早接管各個車站及設施，開始測試改善。桃園捷運公司董事長劉坤億表示，軌道運輸最大的成本在人力，人聘來就要開始燒錢，桃捷公司人員從二〇一五年的兩百多人，陸續增加到一千一百人，一個月的人事成本要五、六千萬元。「但沒有人，如何接管？如何測試？下這決定要有魄力，膽識要夠。」他說。

二〇一六年十一月二十二日，鄭文燦已上任將屆兩週年，系統穩定度測試終於達到標準百分之九十九點五二，且獲得第三方獨立機構RICARDO

公司認證通過，隨後交通部也依照作業規定完成初、履勘程序。

先通車再驗收

雖然系統可用度已達標，但未經驗收，依然無法通車。交通部與桃園市政共同決定：先通車，再驗收。「先驗收、再通車，是廠商解套、政府套牢。」鄭文燦表示，在安全無虞，系統穩定的情況下，先通車營運，廠商在驗收完成之前，仍需負履約責任，改善各項缺失，達到合約的標準及法規規範。

桃園捷運董事長劉坤億也表示，在國際上所有軌道運輸，都是先通車、再驗收。「道理很簡單，沒有使用，怎麼驗收？」

機場捷運通車營運後，有人唱衰運量，有人看壞前景。

數字會說話，桃園捷運公司總經理蒲鶴章指出，機場捷運自二〇一七年三月二日開始營運，一年來，每日平均運量為五萬七千人次，而二〇一八年，每日平均運量已達六萬一千人次，平日約五萬九千人次，假日因新北產業園區站（A3）、長庚醫院站（A8）、林口站（A9）、高鐵桃園站（A18）等處有購物中心吸引購物人潮，人數能達六萬四千人次。若沿線有大型展演活動，搭乘人數也會爆增。例如二〇一七年底五月天連續十一場跨年演唱會，桃園體育園區

二〇一七年三月二日，機場捷運正式通車，開啟了桃園捷運的第一哩路。

站（A19）進出人次增加二十幾倍；跨年夜當日機捷總運量也突破十萬人次，二〇一八年三月的鄧紫棋演唱會，體育大學站（A7）一天的進出也達到近一萬人次，足見機場捷運的方便與效率。

桃園捷運公司董事長劉坤億進一步分析，機場線每日乘載的六萬一千人次中，有百分之五十（約三萬一千人次）是機場旅客，公司營運時間內每日可服務桃園國際機場出入境旅客約十萬人次，經統計約百分之三十搭乘機場捷運，表示機場捷運受到機場旅客青睞，成為機場聯外重要運具。機場捷運兼具機場聯外與都會運輸功能，林口站（A9）以北大台北地區使用率占總運量有百分之三十四，反向桃園地區的民眾則由於捷運路網尚未完成，使用率較低，但配合桃園市民卡搭乘機捷優惠、機捷與桃園市區公車間轉乘優惠、社福點數折抵車資等桃園市政府提供之相關優惠方案，鼓勵桃園市民眾使用機場捷運，運量皆有顯著提升。

五月天連續十一場跨年演唱會，讓機場捷運進出站人次倍增，桃園捷運公司也順利完成疏運工作。

機場捷運普通車時速平均為四十五公里（北捷平均時速四十公里），直達車平均時速為六十公里，部分路段可以跑到九十公里。從台北車站到桃園機場，距離三十五點七公里花費三十五分鐘，並不算慢。

機場捷運的系統將速度設定為時速九十公里。某些轉彎路段因開太快會有噪音，因此減速。例如從新莊到林口的爬坡路段、林口到蘆竹的長陡坡，都會減速。

「機捷營運得比預期好，結算到二〇一七年十二月底損益表盈餘一億元，比北捷和高捷剛營運時好非常多，」劉坤億說。

桃園捷運的第一哩路

機場捷運線考慮到外國旅客的需要，提供進步、貼心的服務。如在台北車站就提供旅客預辦登機、托運行李，讓旅客可以放下行李趴趴走；它也是台灣第一條全線提供4G免費無線網路的捷運。「進度超前高鐵，」鄭文燦滿意地說。

但不諱言，也有許多尚待優化的地方。機場線目前有三十一列車廂，直達車、普通車各半，交錯發車，每天必須維持二十九列車在線上跑，只容許兩列休息、保養，其他列車必須白天上線，晚上維修。「現在班距十二至十五分鐘太久，」鄭文燦說，未來目標是把班距縮短到十分鐘一班。

桃園第一條機場捷運線才營運一年多，但早在六、七年前，桃園建設公司的售屋廣告單上就已經畫出了綠線、橘線、紅線、藍線、棕線，當時其實沒有一線是定案的。在鄭文燦的積極爭取下，中央的前瞻基礎建設計畫已經將桃園鐵路地下化和捷運綠線納入，鐵路地下化已定案，二〇一八年先導工程動工，捷運綠線二〇一八年正式動工，捷運棕線也已核定可行性報告。鄭文燦斬釘截鐵地說：「我要一線一線定案，一條一條開工。」

鄭文燦視察機場捷運A22老街溪站工程，預計四年內先行通車。

14

走出台灣，在全世界的地圖上看桃園

城市外交與外商投資桃園不落人後

二〇一八年一月二十七日清晨四點多，桃園市長鄭文燦與華航董事長何煖軒聯袂出現在桃園國際機場，迎接從美國加州安大略機場飛抵桃園的試營運航班。桃園的姊妹市聖貝納迪諾郡監督庫特·哈格曼（Curt Hagman），配戴著桃園市市鳥藍鵲別針步下飛機，讓親自接機的鄭文燦倍感溫馨。

「這是歷史性的一刻，」鄭文燦說，桃園在二〇一七年二月二十四日與聖貝納迪諾郡締結姊妹市，同年七月他出訪美國時，再與聖貝納迪諾郡簽署「台美推動機場城市交流聯合聲明」，開始推動兩地直航。這條桃園往返加州安大略的直飛航線，在二〇一八年三月二十五日起正式開航，是繼一九七一年洛杉磯航線後，華航開啟第二條直飛美國大洛杉磯地區的航線。而搭起這座空橋的人，正是鄭文燦。

機場城市外交

鄭文燦上任以來，不光努力建設桃園，更積極走出台灣，在國際上結交朋友。目前桃園所締結的二十八個姊妹或友好城市，其中就有十三個是鄭文燦上任三年多來所締結的好友。

能有這麼好的成績，是鄭文燦「熱情待客、積極出訪」的結果。過去國際友人來台灣，桃園雖是第一站，但通常不是剛到，利用空檔時間在桃園走走，就是離開前留在桃園看看，沒想到鄭文燦市長這麼熱情，都會親自作陪，讓大家對桃園印象深刻。

「把陌生人變成好朋友，是鄭文燦的人格特質，」祕書處長顏子傑說。「已經有五十五個國家、三百多團、三千多位外國友人來桃園參訪過，」他透露：「我們幫市長算過，他平均兩天就要接一團外賓。」

從一九八〇年第一個結交的美國康乃迪克州恩菲爾市、一九九八年的美國加利福尼亞州阿拉米達郡、二〇〇七年的德克薩斯州達拉斯郡，到二〇一七年結盟的美國喬治亞洲富頓郡、加利福尼亞州聖貝納迪諾郡，以及日本的千葉縣等。桃園市的「好朋友」已遍及歐洲、美洲、亞洲十幾個國家。不過在鄭文燦就任前，桃園未曾與鄰近的日本締結過姊妹市。

多數人不知道，二〇一五年鄭文燦第一次出訪日本，目的其實是為了「二〇一六台灣燈會」。桃園確定拿到台灣燈會主辦權後，鄭文燦把地圖往桌上一攤，快速掃瞄一遍，然後用手一指說：「我覺得千葉不錯，我們去跟千葉交朋友，邀請他們來參加台灣燈會。」

鄭文燦選擇千葉可不是隨便亂點，因為它是成田國際機場的所在地、日本的門戶，地理條件與桃園相同。一開始與千葉的國際事務單位聯繫交流項目時，一拍即合，雙方都想知道作為「門戶」城市要如何宣傳？如何留住旅客？

二〇一五年，鄭文燦出訪千葉縣，開啟了兩個機場城市的交流新頁，二〇一六年千葉不但做了一組燈來台參展，還主動花了超過新台幣三百萬元、大費周章地把千葉縣成田山新勝寺的百年「仲之町山車」拆卸、海運到桃園展覽。

千葉行還有另一項重大收穫，鄭文燦發現千葉縣的吉祥物「千葉君」很受歡迎，心中興起打造桃園吉祥物的念頭。「千葉君其實代表千葉縣地圖，舌頭的部位，就是迪士尼的所在地，」顏子傑興味盎然地解釋。鄭文燦見識千葉君的魅力後，決定催生桃園的吉祥物——Ｙ桃與園哥。

二〇一六年八月，千葉知事森田健作親自率團來台與桃園市簽署《桃園市‧千葉縣友好交流協定》。九月，桃園市進一步與國際機場的所在地成田市締結姊妹市。三年多來雙方不僅在棒球、桌球、馬拉松等體育方面交流不斷，二〇一八年桃園舉辦農業博覽會，千葉也率團熱情參與。

與機場城市結盟，從此成了桃園城市外交的模式之一。繼千葉縣之後，四國門戶城市香川縣，也成為桃園的好朋友。香川縣是知名讚岐烏龍麵的故鄉，香川縣的青少年管絃樂團與桃園的武陵高中教育交流已久，香川縣知事濱田惠造希望與桃園結盟，增加兩地之間觀光、文化與教育交流。

成為友好城市後，兩地往來更加頻繁，交流也更多元。鄭文燦特別著重在藝術方面的交流，二〇一六年，他親自率團赴香川國際知名的戶外裝置藝術展「瀨戶內國際藝術季」取經，隔年，香川知事濱田惠造也率團回訪「桃園地景藝術節」；二〇一七年，桃園設計了一個別出心裁的交流活動，舉辦「讚岐烏龍麵ＰＫ客家米苔目」料理競賽，在兩地都獲得很大的迴響，不只在桃園舉行，還在「日本全國新年烏龍麵大會」展出。

鄭文燦表示，宮崎位在九州的東南方，是農業縣，已在台灣上市的宮崎牛，在日本和牛大賽拿到第一名，但桃園與宮崎交朋友為的不是牛肉，而是教育文化交流。二〇一七年十月六日，市府團隊出訪日本宮崎縣，拜會縣知事河野俊嗣，雙方正式簽署友好交流協定。

「桃園過去很少與日本交流，我上任已經簽了千葉、香川、宮崎三個縣，和成田、加賀兩個觀光城市，」鄭文燦表示，希望能透過常態性的與國外城市交流，累積豐富多樣的經驗。

「每一個城市都有值得學習的地方，」鄭文燦表示，每次出訪都會去觀摩他們的公共建設，「日本當然最值得看，無論公共工程、交通建設、

鄭文燦與日本千葉縣知事森田健作，簽署《桃園市・千葉縣友好交流協定》。

文化設施、環保設施都非常完善，而且他們能掌握各項工程的細緻面、友善面，質感、美感都做得令人佩服。」

產業發展取經歐洲大國

除了鄰國日本，鄭文燦城市外交的領域還跨足歐美。二〇一六年六月，以「亞洲·矽谷X智慧桃園」為主題，鄭文燦展開為期十二天的荷蘭、法國、英國交流考察，觀摩歐洲都市的治理經驗。

交流的第一站，也是荷蘭的「機場城市」——史基浦機場的所在地——哈勒默梅爾市。該城市是目前全歐百分之五十一物流集中地，堪稱是桃園的最佳參考典範。在法國，參訪法國空中巴士集團和創新的產業，鄭文燦還努力遊說法國空中巴士集團與中華航空合作設立維修中心。

在有「歐洲矽谷」之稱的法國格勒諾布爾（Grenoble）市，鄭文燦與市長、也是阿爾卑斯都會區主席克里斯多福・法拉利（Christophe Ferrari）共同簽署《台法推動亞洲矽谷計畫聯合聲明》，作為雙方合作的起點。

鄭文燦說，格勒諾布爾市市長是一位教育家，也是一位科學家，很喜歡台灣，常來交流，兩人建立起好交情，「他是綠黨的，訴求循環經濟及智慧城市，我替他想了一個能代表grenoble城市治理口號：green is noble，他高興地稱讚：『你的詮釋最好！』」

荷蘭、法國的社會住宅讓鄭文燦印象深刻，荷蘭社會住宅比例高達百分之四十；而法國的社會住宅則有完整的公共設施及申請配套，如銀行、咖啡廳、籃球場等，社會住宅不只是一間房子，還是一個完整的社區。這些範例影響了後來鄭文燦對桃園社會住宅的規劃。「我把社區的概念融合到桃園的社宅規劃裡。」

鄭文燦在英國倫敦參訪數個創新育成中心，如以培育微型企業為主的「Second Home」，以及帶動東倫敦從舊工業城轉型為創新聚落的「思科（Cisco）倫敦創新中心」，成果相當豐碩，「未來思科創新中心很可能會引進桃園，快定案了。」值得一提的是，鄭文燦在倫敦大學亞非學院以「從學運領袖到市長」為題，與台灣留學生、中國留學生和國外研究政治的學者，進行了一場精彩的演講座談，令許多留學生印象深刻。

美西政經之旅，締造台灣紀錄

在美西，桃園與南加州門戶聖貝納迪諾郡結交。聖貝納迪諾郡當地有很多在美國的台僑，還有很多華人。郡監督哈格曼希望藉由與桃園締結姊妹市，促成兩個城市直飛，拉近加州與台灣的關係。

二〇一七年七月，鄭文燦出訪美國西雅圖、洛杉磯、聖貝納迪諾、沙加緬度、舊金山和聖荷西。此行他拜會了四十多位政要，參訪安大略國際機場、加州三角洲水利工程計畫，以及十二家跨國集團總部，成果豐碩行程緊湊，堪稱「空前」。

此行，鄭文燦罕見地帶夫人同行，「我太太是加州州立大學富勒頓分校畢業的，《台灣旅行法》的推手聯邦眾議會外交委員會主席羅伊斯（Ed Royce）、加州議會議長安東尼·蘭登（Anthony Rendon）剛好都是富勒頓畢業的！」校友之誼，大大拉近彼此距離，雙方一見成好友，讓鄭文燦美西之行更為順利。

「我在加州見了四位聯邦眾議員、二十幾位市長、二十幾位加州議會參眾議員。」鄭文燦說，羅伊斯是台灣這二十年來「很重要的朋友」，「除了《台灣旅行法》，他還推動高層互訪、免簽、軍售，還有一個美國全球通關計畫，將來可能啟用境外通關措施，在台灣入境美國、預先安

訪台多次的聯邦眾議院外交委員會主席羅伊斯（Ed Royce）賢伉儷，貼心參加鄭文燦的慶生會，鄭文燦妻子林俞汝也陪同訪美。

檢。」

有趣的是，鄭文燦結束行程緊湊的訪美之行，風塵僕僕回台當天，竟立刻驅車到復興區上巴陵參加「水蜜桃感恩之夜」，創下「早上在舊金山、晚上在拉拉山」的紀錄。

上任三年多來，鄭文燦從文化城市外交走向經貿城市外交。「城市外交確實讓桃園市提高了國際能見度。」鄭文燦說。

15

處理危機，更要預防危機

工安、消安與勞安持續改進

二〇一四年十二月二十五日走馬上任，二〇一五年一月二十日、上任不到一個月，桃園就發生新屋保齡球館大火。

第一線面對危機

「半夜接到消防局長的電話，說新屋火災、火場有消防員失聯，我第一個反應就是要立刻到現場去，」鄭文燦回憶道，當時已是深夜，隨扈已離開，雖然門口還有警衛，但他決定自己打電話叫計程車趕赴現場。「當天載我的司機後來又遇到我，跑來跟我說：市長，那天新屋大火就是我載你去的。」

因火場閃燃，六名消防員逃生不及而殉職。「消防員把殉職同仁一位一位抬出來，敬禮，然後抬上救護車……整排消防隊員都含著眼淚，」鄭文燦說，這一幕讓他非常難過。

事發後好幾個月，鄭文燦心情低迷，他一方面要妥善處理善後工作，一方面也要面對輿論的指責。

輿論的指責有部分來自鄭文燦在當下發了幾則臉書，向市民報告：「新屋大火，自己正趕赴現場……」「大悲，六名消防隊員殉職。」有人質疑：「你是市長，還是記者？」

鄭文燦解釋，因為媒體報導的罹難人數錯誤，擔心引起不必要的誤會，就直接在臉書上更正。「後來被指責，我也是要承擔下來。」從此之後，鄭文燦把臉書交給幕僚經營，不再自己發臉書。

「我從小到大走過辛苦，凡事我都坦然面對，不迴避任何責任。這次也不例外，」鄭文燦坦言：「才剛上任就遇到這麼大的挫折，我知道只有做得更好，才能換得信任，沒有任何捷徑。」

的確，鄭文燦除了第一時間趕赴現場，也在第一時間向家屬與社會道歉。「他態度坦然，不迴避，道歉後就積極地推動消防改革；面對司法調查，也把資料都攤在陽光下檢視，」在一旁觀察市長作為的市長室副主任施彥廷說，市長都是站在第一線面對，不會躲在後面。

「最重要的是，新屋大火讓我意識到，消防的裝備、訓練、車輛，火場的教育都需要更新。」鄭文燦不是口頭說說而已，三年來，桃園的消防預算從十七億增加到二十六億；新購入車輛九十九輛；個人裝備編列四億元，全部更新，連熟顯像儀、導光索，每個分隊都有配置；人員也預定從原來的一千多人增加到近一千五百人，增幅近四成，諸多消防改革連基層都看得見。

在失敗、挫折中學習

另外一個考驗是敬鵬工業火災，二〇一八年四月二十八日晚上，在鄭文燦已做了諸多改革之際，平鎮的敬鵬工業又發生大火。這場火災造成六名消防員殉職；兩名泰籍移工死亡；工廠裡存放的兩千公升柴油加上大量化學藥劑，讓大火延燒超過二十六小時，造成嚴重的空氣、河川汙染，受汙染波及而死亡的魚更重達三十八噸。

「工安、勞安和消安要一起改革，」鄭文燦表示，消防是遇到災害的搶救，工安才能降低風險。「桃園工廠一萬一千多家，以後必須立法要求有使用易燃品、化學品、危險物品的工廠，定期申報清單，工廠配置圖也一定要有，要不然消防員進入火場，風險不確定。」

敬鵬大火事件發生後，市府又是長達一個月的低氣壓籠罩。

「我並不認為這三年半來的消防改革毫無成效，但意外還是發生，」鄭文燦指出，現在桃園每一個分隊進場、出場都要團進團出，資歷深淺混編；消防員都必須完成訓練才能到第一線，並要求火場安全，但卻不幸又發生敬鵬意外。「這讓我體會到，改革沒有止境，凡事要戰戰兢兢。」鄭文燦痛定思痛地表示，桃園的工安負擔比別的地方重，災害特性也不一樣，他要求中央修法，未來的消安檢查，要把化學品、危險品的配置圖納入；移工宿舍問題也要立法規範，應該修法讓宿舍跟工廠分離，而且一定要使用合法建築。「消安、工安、勞安要三位一體，才有可能減少災害的風險。」

雖然整整一個月，一向親切的笑容從鄭文燦臉上退去，市府辦公室氣氛低迷，但他說：「每一次的災難都是一個很大的教訓，我是從失敗、挫折中可以學習，從困難中也可以學習的人。」

16

肯傾聽，就能聽得到更遠的聲音

府會和諧，超越對立

桃園的政治板塊向來藍大於綠，二〇一四年，鄭文燦險勝吳志揚當選市長，面對的仍是藍大於綠；藍、綠議員席次比為二十九比二十一的議會生態。

執政三年多來，鄭文燦能在朝小野大的情況下，讓桃園府會關係維持和諧運作，他究竟有什麼祕笈？

解決問題才是重點

在議會，鄭文燦一上任就展現過人的市政能力。桃園由縣升格為直轄市後，市長上任第一個月就得馬上編列當年度預算，送議會審查。當時，鄭文燦親自與議會溝通，經過邱奕勝議長斡旋後，各黨團同意以協商取代表決，鄭文燦初上任的首次預算審議，意外地順利完成。

游刃有餘的首要關鍵，是他的經歷與人脈。「君自議會來，當知議會事。」放眼目前六都市長，只有桃園市長鄭文燦當過議員。「因為我自己當過桃園縣議員，比較瞭解議會的生態，跟議員的互動比較好。」

「每一位當選的議員，都是一方之霸，都代表相當民意，也經過很多挑戰之後才能當選，所以每位議員都需要被尊重，」鄭文燦強調，府會關係要和諧，不光只是會做人，而且要打從心底真正尊重他們，尊重他們的見解，尊重他們的職權，尊重他們對地方的政見，並找出一個最好的方案去完成他們的訴求，「不會有政黨、地域的差別。」

什麼才是最好的方案？鄭文燦解釋：「有人說我會加碼，其實不是，我若覺得這位議員的主張需要再調整，我會把它調整得很完整周延，他反而覺得新的方案更符合他原來的意思。」

「雖然我不可能完全沒有個性、沒有火花，但我情緒會盡量放少一點，」鄭文燦表示，自己並不想在議會質詢上不斷製造衝突，反而是利用質詢的機會去展現自己對市政的瞭解。「如果市民有看質詢的網路直播，都會知道我向來都實問實答，不打太極拳，每件事情該怎麼做，一定在議會中會有所答案。」鄭文燦認為：「在議會當中要展現出解決問題的能力，與負責的態度，才能得到市民的支持。」

超越藍綠的整合型思維

善於折衝、處事圓融的個性，讓鄭文燦在議會能透過溝通方式順利推動市政，就連非民進黨議員也深感佩服。

他的圓融不是鄉愿，沒有喪失理想性與原則，而是能清楚、精準地掌握雙方雙贏的點。桃園府會關係捨棄對立，尋找對話，鄭文燦市長與邱奕勝議長確實共同創下地方自治的典範。

整合型的思維，是鄭文燦異於他人的一大特質。「政治的世界總是充滿情緒、衝突、價值對立，即便在政黨裡面也有派系，我的哲學是，要讓不同的人有可能在一起，生活在一起，工作在一起；我的思維不是對立，而是整合，」鄭文燦說，凡事要求最大程度的周延，包括做人、做事、執政；要讓自己能被更多人接受，無論什麼事情，都要考慮到少數人的意見，給他們有機會表達，盡量求圓滿一點。「簡單說，就是減少對立面，增加共識。」

因此，在議會，鄭文燦把議員視為朋友，用對話取代衝突，用協商取代表決，「盡其可能用超越藍綠的思維來處理市政。」他表示，現在「桃園隊」已經是大家的共識。

多元、包容、尊重

「從政不能偏聽，但要側聽。」鄭文燦解釋，偏聽是只聽一方意見，喜歡人家講好話，或是咬耳根；側聽，是要聽不同的聲音，知道大家怎麼看。人脈廣闊、處事圓融的鄭文燦，不時期許自己要有「市長的高度，市民的角度。」一件事情，市民怎麼看？議員怎麼想？是鄭文燦放在心上衡量的重點。

「我知道選民對藍綠都有厭倦感，對政治熱情在降溫。」鄭文燦說，在轉型的環境中，傳統的藍綠對抗已激不起熱情，「我想跳脫這種無謂的角力，用另外一種方式來超越台灣二元政治的對立。」

從地方到中央，再從中央到地方，鄭文燦從野百合學運開始接觸政治，一路從政至今，經歷過勝選，也經歷過艱困選戰。歷經二十多年大大小小的挑戰，鄭文燦說，他相當珍惜擔任市長的機會，希望將自己一路以來的所知、所學充分發揮，讓桃園在他的領導下，有所改變、成長，甚至進步，再進步。

「多元、尊重、包容，這是目前台灣需要的；把心打開，仔細跟每個人互動，用心親自去體會。」鄭文燦強調，他秉持多元、包容、尊重的理念，除了降低衝突，最重要的是成事。

桃園市是一個融合各種族群、多元文化的城市，即便是稀少族群，鄭文燦也尊重每一個人的想法與意見。「每個族群都有它的獨特文化，這些文化都應該被珍惜；對各地、各年齡、各族群、對每個人，都應該以人本方式去看待。」

鄭文燦在桃園創造了一個模式，在全市每個角落，灌注力量；讓每個地方，發揮他們的生命力。

多元，包容，尊重，也許沒有很高的政治張力，也沒有高分貝的喊話，但是這個「鄭文燦模式」，卻讓桃園市民的幸福感，不斷提升。桃園市的城市轉型，點滴成巨流。

社會人文 BGB460

鄭文燦模式
超越對立．翻轉桃園

國家圖書館出版品預行編目(CIP)資料

鄭文燦模式：超越對立．翻轉桃園 / 鄭文燦口述；張瓊方採訪整理. -- 第一版. -- 臺北市：遠見天下文化, 2018.08
面；　公分. -- (社會人文；BGB460)
ISBN 978-986-479-531-4 (平裝)

1.鄭文燦 2.自傳

783.3886　　107013446

口述 — 鄭文燦
採訪整理 — 張瓊方

總編輯 — 吳佩穎
責任編輯 — 賴仕豪
封面及內文圖片提供 — 鄭文燦、邱萬興、周嘉華、羅興階

出版者 — 遠見天下文化出版股份有限公司
創辦人 — 高希均、王力行
遠見・天下文化・事業群 董事長 — 高希均
事業群發行人／CEO — 王力行
天下文化社長 — 林天來
天下文化總經理 — 林芳燕
國際事務開發部兼版權中心總監 — 潘欣
法律顧問 — 理律法律事務所陳長文律師
著作權顧問 — 魏啟翔律師
地址 — 台北市 104 松江路 93 巷 1 號 2 樓
讀者服務專線 — 02-2662-0012 ｜ 傳真 — 02-2662-0007, 02-2662-0009
電子郵件信箱 — cwpc@cwgv.com.tw
直接郵撥帳號 — 1326703-6 號　遠見天下文化出版股份有限公司

電腦排版 — 極翔企業有限公司
製版廠 — 中原造像股份有限公司
印刷廠 — 中原造像股份有限公司
裝訂廠 — 中原造像股份有限公司
登記證 — 局版台業字第 2517 號
總經銷 — 大和書報圖書股份有限公司　電話／ (02)8990-2588
出版日期 — 2021/05/14 第一版第八次印行

定價 — NT 420 元
ISBN — 978-986-479-531-4
書號 — BGB460
天下文化官網 — bookzone.cwgv.com.tw

天下文化
BELIEVE IN READING